道　　元「月見の像」

道　元

●人と思想

山折 哲雄 著

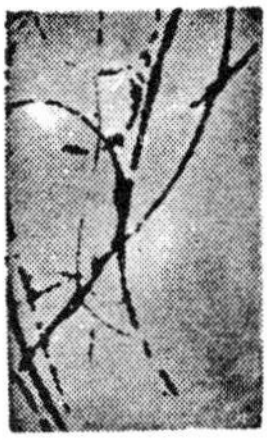

42

CenturyBooks　清水書院

道元の坐標

振鈴の響き

二年ほど前、機会があって永平寺にのぼった。わずか三日だけ滞在して山を降りたのだから、僧堂生活のほんの片鱗をかいまみたにすぎない。傍観的な訪問者の感想に新味のあるはずもないが、それでも、心にしみる経験がなかったわけではない。

午前三時になると、わたくしは浅いねむりからさまされた。遠くのほうから、かすかな振鈴の音がきこえ、短時間のうちにしだいにせりあがり、じっとうずくまっている闇を突きやぶるような、はげしい響きとなって耳元にせまってくる。はじめはすり足のようにきこえていた雲水の足音も、打ち鳴らされる響きの急上昇とともに、天井板をふるわせんばかりの勢いで廊下を走りぬけていった。

夜はまだ静寂の底にしずんでいたけれども、振鈴の合図で僧堂の一日がはじまったのである。わたくしは心せくままに身仕度をし、連れといっしょに坐禅堂に入った。頭の奥のほうにはしこりのように疲れがのこり、からだのふしぶしにひきつけるような痛みが走った。

わたくしは道元を想うとき、いつも、あの振鈴の音を記憶のなかから呼びさまそうとしているようだ。道元もあのような振鈴の音によってめざめたのであろうか。その音は七百余年の時間を飛びこえて、道元の生活のぬくもりをそのまま運んでくれるように思われたのである。

もちろん三日やそこらのことで、僧堂のきびしい生活がわかるわけではない。半年、一年と修行しているあいだには、振鈴の音の味わいもおのずから変わってくることであろう。心の闇をふきはらうかに思われた鈴の響きが、いつしか神経をつき刺す無情の針となって襲いかかってくるときがあるにちがいない。そして二年、三年とたつうちには、神経すらもが摩滅して、無感動に反応するだけの状態になってしまうこともあるだろう。

振鈴とともにめざめがあり、めざめのなかに振鈴が響きわたっているという僧堂の生活は、たんに美しいだけでもなく、また清らかなだけでもない。それは人間の限界に挑戦する、気の遠くなるような難行苦行の一環ですらあるだろう。

だが、五年、一〇年とたつうちに、耳の細かいひだにまでしみこんでしまった振鈴の響きが、ふたたびもとのみずみずしい音色をとりもどすことがないであろうか。柳の緑や花の紅が突然この世のものともおもわれない新鮮な輝きを放って色づくように、早暁の振鈴が不思議な諧調で宇宙の全体に響きわたるときがこないであろうか。

道元はそういう経験をすることのできた稀れな人間の一人であった、とわたくしは思う。

単独者の強さ

道元は強い人間である。強い人間というのは人を近よせないような何かをもっている。人が近づかないから、いきおいかれは孤立する。道元にもそういうところがある。しかしかれの場合、人から敬遠されて孤立しているのではない。人間は一人にならなければならないから必然的に孤立するのであり、一人でやらなければならないから孤立を選ぶべきなのだ、とかれはいっているようだ。道元は孤立をむしろ愛している。そういう人間を単独者という。禅ではこれを一箇《いっこ》半箇《はんこ》という。

道元はぐちをいわない人間である。著作や法語のどこをさがしても、弱音らしいことをもらしているところがない。そこが、同時代の親鸞や日蓮と違うところである。ぐちや弱音をはくことはかならずしも人間の弱さを示すものではない。なぜなら、そのなかにこそ人間的な魅力のほとばしることがしばしばあるからだ。親鸞や日蓮はまさにそういう型の人間であった。

だが道元は、終始一貫してぐちをいうことがなかった。これはあるいは道元という人間の近よりがたさを証明する特徴のようにも思われるが、しかしそういう見方はもちろん一面的なものである。

感動する人

道元はたしかに人なみはずれて強い性格の人間であったが、しかし同時に深く感動する人間であった。ものに感動するときは、一切のものを放りなげて感動の渦巻きのなかに没入することのできる人間であった。かれは苦しみや悲しみを耐えぬいてそれを毛筋ほども口にださなかったが、ものにふれて感動するときは、かみ殺してきた苦しみや悲しみの一切をその感動の熔鉱炉のなかに投げ入れた。熔鉱炉から噴きでる炎は純粋感情の火柱となって燃えあがったのである。

たとえばはるばる海をわたって、はじめて天童如浄《にょじょう》に出会ったときの感動がそれである。かれは生涯にわたって、このときの経験を心の奥底につなぎとめ、それをいつでも自分の全身によみがえらせることができた。

また花や樹木や山などの自然にたいするとき、道元のまなざしはそのなかに光のようにすいこまれ、しみとおっていった。このときのかれは自然の美しさと深さに感動しているのであって、花や樹木、山や川の美しさを観賞しているのではない。自然への感情移入が純粋であればあるほど、自然と自己との同一視は完璧なものとなったであろう。それは、深く感動することのできる人間だけにめぐまれる幸運である。われわれはこのような道元の経験のあとを、『正法眼蔵』の各巻のなかにたどることができるはずである。『正法眼蔵』は深淵な思索の書であると同時に、かれのさまざまな感動の体験が美しく織りなされている書物でもあるのだ。

思想とことば

道元の思想はこれまでに、よくハイデッガーやサルトルなどの西洋の哲学者のそれと比較されてきた。それにはもっともな理由があったであろう。思考や論理に比較を可能にするような類似点がみいだされたからでもあるが、しかし大事なのはむしろ根本のところで両者が妥協をゆるさぬ対立を示しているという点にあるであろう。それは東洋の思想と西洋の思想とのぎりぎりの対決をすら意味する。道元は西洋にたいする対決ということの意味を、もっとも典型的に体現している思想家の一人なのである。

道元はまた、ことばを自由自在に駆使するという点で、わが国の思想史のうえでは例外的な存在というべきなのであるが、それが今日における道元評価の動向と重なっていることは注目すべきである。ことばの魔術師あるいは言語の錬金術師としての側面があきらかにされていくことによって、道元の思想は今後さらにひろい裾野をもつことになるであろう。

人間の型

わたくしは、道元の真に創造的な仕事の大半は、すでに山城の興聖寺時代に完成していたと考える。三十代から四十代前半にかけての時期である。これにたいして晩年の永平寺時代は、道元にとってはむしろ苦難と苦悩の時代であったと思う。創造と苦難の時期をへて円熟へと向かう時間は、残念ながら道元にはもはやのこされていなかったのである。かれはけっして若くして世を去ったのではないが、しかし自分の事業を大成するのに十分な時間にめぐまれたわけでもなかった。

ほぼ同時代の親鸞は、その若き日々に流罪と遍歴の苦難の道をたどり、晩年になってその思想はしだいに円熟へと向かい、ついに九〇歳の天寿をまっとうすることができた。その意味で親鸞は晩年型の人間であったということができるが、これにくらべるとき道元は、その人生と思想のあり方において早熟型の人間であったと思う。親鸞の九〇年の生涯とは対照的に、五四歳で逝った道元のはげしく燃焼した一生がわたくしにはことのほか印象ぶかく映る。その晩年の苦悩に胸の熱くなるのをおぼえるのである。

道元の遺偈《ゆいげ》のなかに「活《い》きながら黄泉に陥《お》つ」という一句がある。そこには道元の無量の想いがこめられているであろう。わたくしはその道元の無量の想いにできるだけ近づこうとして、この書物を書いた。読者の方々といっしょに、何とかそこまでたどりつきたいものと思う。

目次

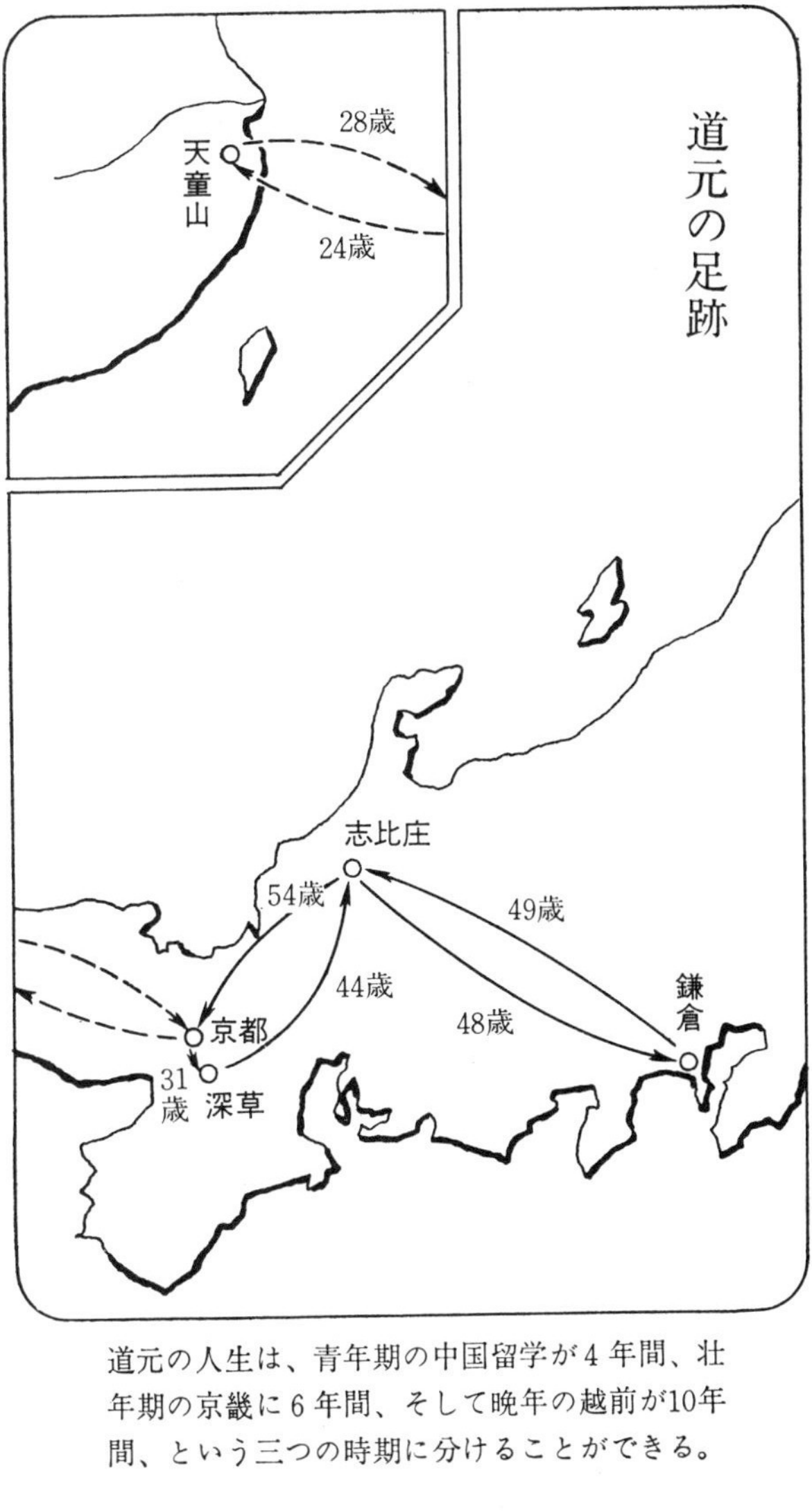

道元の人生は、青年期の中国留学が4年間、壮年期の京畿に6年間、そして晩年の越前が10年間、という三つの時期に分けることができる。

I

師を殺し 師を求めて

――遍歴の時代――

手がかりをつかもう!

道元の肖像

道元といえば、すぐ思いだされるのが、あの「月見の像」である。福井県の宝慶寺《ほうきょうじ》に伝えられたもので、道元画像のうちではもっとも古く、また道元の生前のおもかげをよく写しているといわれる像だ。

眉は太く、真一文字に引かれ、目尻がややさがっているが、黒い二つの大きな瞳がななめ前方をするどくみつめている。鼻は横に張って、鼻孔が大きい。厚い肉感的な唇が強く結ばれ、両の頰《ほお》が高く張り、とがった下あごがつきでている。太くがっしりした首が、そのまま胴体につながり、力のみなぎった筋肉質の体格が、あらわになった胸元のあたりにうかがえる。

これはけっして、悩める思想家の顔などではない。むろん貴族の顔立ちでもないだろう。たんなる知識人の表情でもない。意志の強い、風雪に耐えぬいた、きびしい修行僧の顔だ、といってしまえば、そうかもしれないが、それではあまりにもありふれたいい方だ。

要するに、「月見の像」の顔は、見ればみるほど複雑な表情をたたえているとしか、いいようがない。それはおそらく顔だけの問題ではなく、道元という人間の複雑さと関係しているはずだ。道元は、単純な人間ではない。「月見の像」に描かれた眼と鼻と唇がけっして尋常《じんじょう》ではないように、道元の人間と思想もまた尋常な姿で立ちあらわれてはこないであろう。

道元はその生前に、数多くの著述を成したが、自筆の書といわれるものがいくつかのこされている。なかでも、道元の主著である『普勧坐禅儀《ふかんざぜんぎ》』や『正法眼蔵《しょうぼうげんぞう》』の第三九巻「嗣書《ししょ》」の真蹟本は有名である。『坐禅儀』のほうは三四歳のときの浄書本であり、「嗣書」は四四歳のときのものである。ここでは、道元の筆蹟の特徴について考えてみよう。

「月見の像」

道元の筆蹟

まず第一に、一字一字の字画がはっきりしていて、じつに几帳面《きちょうめん》な書体ではないか。すでに四十代のなかばに達しようというのに、道元は一点一画をもゆるがせにしない慎重な態度で書いている。字をくずして書くということをまったくしていないし、またできなかったのでもあろう。それは、道元の潔癖な精神を暗示していないであろうか。

第二にみおとしてならないのは、たしかにこの書体には綿密な几帳面さが一本つらぬいているけれども、同時に、力強く、のびやかな勢いが、そこにはみなぎっているということである。一点一画がしなやかなリズムにのって躍動し、一字一字がいまにも紙

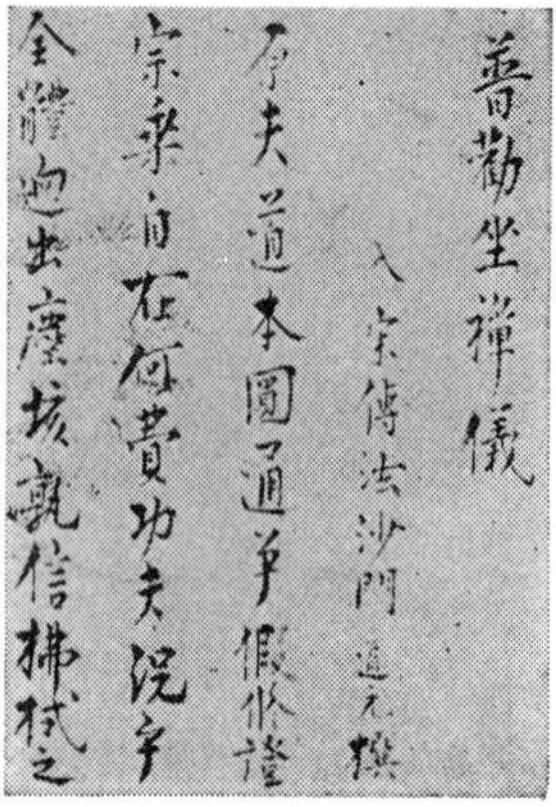

『普勧坐禅儀』（道元真筆）

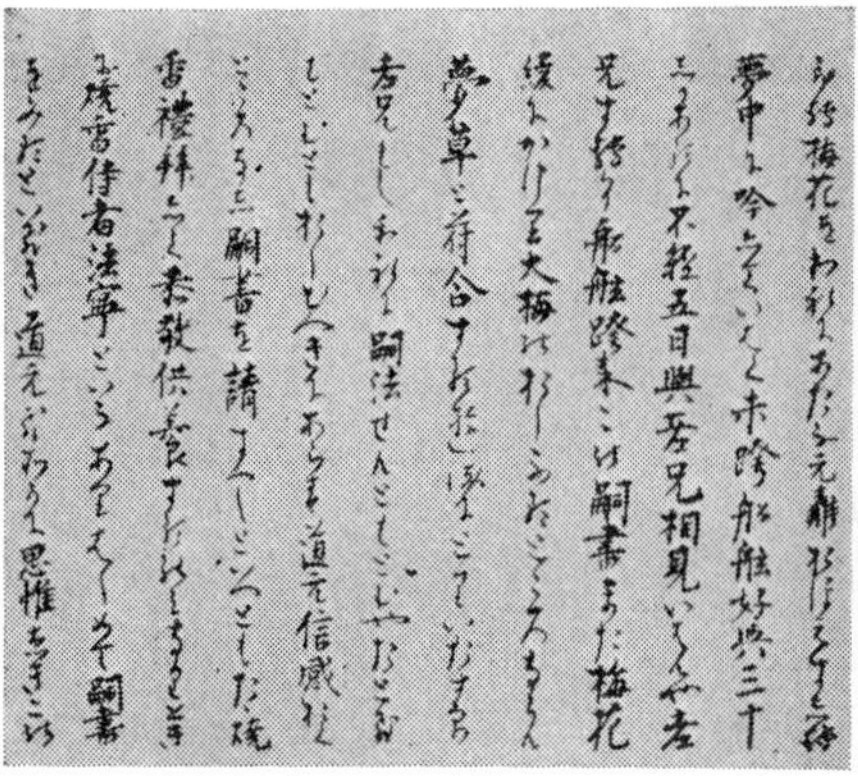

『嗣　　書』（道元真筆）

面から立ちあがり、飛びだしてきそうな気配である。

第三に驚かされるのは、その繊細な美的感覚の絶妙さである。字と字のつながり工合、とくに漢字とかな文字とのあいだの微妙な連関、バランスのとれた行間、そして肉太から肉細へと緩急自在に変化する墨《すみ》の濃淡――。

そう思ってこの書をながめていると、筆を運ぶときの道元の眼と腕と指先が、一分の狂いもない精密機械と化して、点と線の美しい装飾紋様を織りあげているということに気づかされる。書体の几帳面さや力強さの背後に、神経質なまでにするどい、審美的な配慮がゆきわたっている、といってもよいのではないであろうか。

以上こうして、道元の書（筆蹟）ひとつをとってみても、かれがけっして単純な人物ではなかったことがわかるであろう。かれは、たぐいまれな宗教者であったが、その人格の全容は、たんなる求道者というようなところにおさまりきれない広さをもっていた。道元は宗教的な求道者でありながら、同時にその枠組からはみだす何者かでもあったのだ。わたくしはこれから道元を書いていくうえで、このようなかれの「はみだした部分」を大事にしていきたいと思う。

道元の和歌

道元の死後しばらくたってから、かれの歌集が編集された。『傘松道詠《さんしょうどうえい》』というのがそれで、六〇首がおさめられている。道元が四六歳から死の年の五四歳まで（寛元三年〜建長五年）に詠《よ》んだ和歌を集めたものであるが、そのなかに、よく知られている次の一首がある。

本来面目
春は花夏ほとゝきす秋は月
冬雪さえて冷しかりけり

この和歌は、これまで何かにつけていろいろな日本人によって引用されてきたが、それだけこの一首が、伝統的な日本人の自然観や心のあり方を巧みにとらえているからなのであろう。

一九六八年にノーベル文学賞を受賞した川端康成は、ストックホルムでの受賞式にさいし、「美しい日本の私」と題して記念講演をおこなったが、その冒頭に右の和歌が引かれている。禅の直観と瞑想をとりあげて、美しい伝統的な日本の真髄を語るのに、この歌がそれにもっともふさわしい材料であると考えたからである。この川端康成の選択は、みごとに的を射たものであったとわたくしは思う。かれはこの講演のなかで、「我」をなくして「無」になりきるという、東洋風の無念無想の境地をのべているのであるが、このような「無」は、西洋風の「虚無」とはまるっきり違うものだ、といっている。この「無」は、万有が自在に通うところの「空」だ、ともいっている。川端康成は、アジアや日本には、ヨーロッパ人のまったく経験したことのない「無」や「空」の境地(世界)があったのだということを強調しているのであるが、このような境地を、象徴的に、また生き生きと伝えている典型的な例として、道元の右の和歌をえらんだのであった。

道元はこの歌の詞書《ことばがき》に「本来面目《ほんらいめんもく》」となにやらむつかしいことばを書きつけているが、歌そのものは、春には花が咲き、夏はほととぎすが鳴き、秋になると月が照り、そして冬は雪が降りつもって寒い、といっているだけだ。季節の移りかわりを、その移りかわりのままに、自然にうたったままでである。かれはここで、「我」をふりすてて「無」になりきれ、などとはいっていない。春夏秋冬のそのときどきの特徴が、誇張もなく、技巧もなく、ただありのままにうたわれているところには、もはや「我」などというものはないであろう。季節は、ゆっくりしたテンポで移りかわり、瞬時もとどまることがないものとしてとらえられ、そのような自然の感覚は、もうそれだけで「空」とか、「無」とかいう境地と通いあっている。

もっとも、川端康成の講演をきいたヨーロッパ人が、日本人のこのような季節感を理解できたかどうかは疑問である。道元や川端康成は、こういう季節感のなかにこそ、人間の根本的な生き方やある方を暗示する何ものかがあると考えていた。道元がこの歌のテーマとして「本来の面目」（究極のあり方）と記したのも、おそらくそのためであったと思われる。

道元は、弟子たちにたいしてはいつでも、出家者や修行者が詩歌や音楽や踊りに手を染めることはならぬ、とくり返しいましめていた。感覚的な世界におぼれることは求道のさまたげになると考えたからである。そういう考え方はむろん道元だけの問題だけではなく、インドの釈迦いらい、仏教がつねに大前提にかかげ続けてきた課題であった。このような戒律は、歴史的にみてかならずしも守られなかったが、それは道元の場合でも同様であったといえよう。かれのぼう大な著述にくらべると、わずか六〇首の和歌はとるにたらぬ数であるが、それにしても歌をうたわずにいられなかった道元に、わたくしはかぎりない親しみをおぼえる。美や感性の世界に盲目でなかった道元、書や和歌の形式に細かい神経をはたらかせた道元――、そういう道元の人間的な側面に、わたくしは好奇心をかきたてられるのである。一方には、日夜、坐禅に没頭する、きびしい出家僧としての道元、そして他方には、自然にたいして耳を澄まし、目を凝らし、そして風流に遊んでいる道元、そういう二つの道元の像が、いつもわたくしの前には立ちはだかっている。

それは、道元の人生の矛盾を示す断面であるのだろうか。あるいは、道元という人間の豊かさを象徴するあり方なのだろうか。もちろんそのどちらかに単純にわりきるわけにはいかないが、要するに、道元がけっして一筋なわではいかない人間であったということだけは、どうやらたしかなようである。

時代の足おと

これまで、画像にみられる道元の人となり、筆蹟を通してあらわれる道元の気質、そして和歌にうかがわれる道元の感性といったものをみてきたわけであるが、それによってわれわれは、いったい道元の何を知ることができたであろうか。ほんとうのことをいえば、薄くらがりのなかで、あいまいで断片的なイメージを手探りしていただけのことではないか。道元という生きた本体は、はるかに遠い歴史の闇の底に沈んでいるのである。とするならば、歴史の闇の底に姿を隠している道元をわれわれの眼前によみがえらせるためには、まずもって道元を生んだ時代の足音に耳を澄ましてみなければならないであろう。

道元が生まれたのは正治二年（一二〇〇）であるが、その前年に源頼朝が死んでいる。だから、鎌倉幕府の基礎はすでにきずかれていたが、しかし京都から離れた関東という新天地に、武士勢力の支配体制を作りあげていくのはまだまだこれからというときであった。幕府内部では、頼朝の御家人となった有力な武士たちがしのぎをけずっていたし、その血なまぐさい権力闘争のなかで、源家の嫡男《ちゃくなん》をはじめ、多くの御家人が暗殺され、滅ぼされていった。

そのなかからしだいに頭角をあらわし、権力を掌握していったのが北条氏である。時政、義時、泰時と、はげしい権力闘争を戦いぬいた北条氏は、着実にその勢力を伸ばし、ついに時頼の時代になってその執権政治の基盤をかためた。

そして道元は、その晩年、四八歳のときに、鎌倉の地でこの時頼に邂逅《かいこう》（めぐり合うこと）するのである。こうして道元は、鎌倉幕府の開創から北条執権政治の確立期にいたる、まさに新しい武家時代がこれから始まろうとする激動期に生を受けたということができるであろう。のちにのべるように、道元はその求道者としての信念から、政治的な権力に近づくことをみずからに禁じ、また門弟たちにもきびしくいましめたが、しかし時代の荒々しい流れは、そのような道元の決意を、ときにはゆるがすほどに高まっていたということをみのがしてはならない。

源家の最後の血を引く実朝が、鶴ケ岡八幡宮《つるがおかはちまんぐう》の社頭で、兄頼家の遺子《いし》である公暁《くぎょう》によって暗殺されたのが承久元年（一二一九）であり、このとき道元は二〇歳になっていた。殺されたとき二八歳であった実朝は、すでに自分の死を予感していたという。そういう息苦しい時代の風圧のなかで、かれは藤原定家《ていか》から和歌の手ほどきを受け、死にいたるまで、まるで憑《つ》かれたように和歌に打ちこんだ。また実朝が、他面で、中国人の陳和卿《ちんなけい》のすすめにしたがって中国（宋）に渡ろうとし、唐船を作らせるほどの熱心な中国崇拝者であったのは興味深い。

道元は、その立場や環境からいっても、また人間的な資質の面からいっても、源実朝とはまったく対照的な生き方をした人間であった。だが、ときに和歌をよみ、そして中国にたいするやみがたい憧憬《しょうけい》の念を抱いていたという点では、やはり時代の精神を実朝とともに共有していたというべきであろう。かれは、実朝の場合とは異なって、現実に中国への留学を果たすことができたのである。

リアリズムの精神

道元が生まれたころ、奈良では東大寺の再建がその終幕を迎えようとしていた。東大寺をはじめとする南都の諸大寺は、治承《じしょう》四年（一一八〇）に平重衡《しげひら》の焼討ちにあって灰燼《かいじん》に帰したが、聖武天皇いらいの伝統をもつ護国の寺・東大寺を再建することは、当時の政治にたずさわるものにとって、放置することのできない至上命令であった。源頼朝が再建のために多額の寄進をし、後白河《ごしらかわ》法皇が再建された東大寺を夢にまでみるほどだったのも、そのためである。東大寺再建の事業は、鎌倉時代の新しい文化の創造力を生みだすための、またとない試金石となったのである。

この世紀の大事業を組織し、指導したのが、俊乗房重源《しゅんじょうぼうちょうげん》であった。かれははじめ真言《しんごん》密教を学んだが、のちに民衆のあいだにひろまっていた浄土教《じょうど》に帰依《きえ》（信仰）した。きびしい修行をつんだ聖《ひじり》として、みずから南無阿弥陀仏《なむあみだぶつ》と号して布教活動をすすめていたが、その卓越した組織力と民衆への影響力を買われて、東大寺の勧進職《かんじんしょく》に任命されたのである。勧進職とは、東大寺の再建を遂行・指導する総責任者のことだ。この間に、かれは三度も宋に渡っているが、それは仏教の教理（教義・思想）を学ぶためばかりではなく、東大寺を建造するために必要な工芸的な技術を学ぶためでもあった。

重源は仁安《にんあん》二年（一一六七）に入宋したとき、かの地で、道元の師である栄西《えいさい》に会っているが、道元もまた、この重源の死後一七年目に入宋を果たし、重源の訪れた阿育王山広利寺《あいくおうざんこうりじ》を訪ねている。阿育王寺は、重源がはじめて訪れたとき荒廃していたが、かれはただちに日本から巨材をとり寄せ、これを再建したのであった。それから約半世紀をへだてて道元は入宋するのであるが、そのとき、栄西と重源にゆかりの深い阿育王寺のたたずまいをみて、かれはどういう感慨をえたか。おそらく身中に気力の充実してくるのをおぼえたことであろう。

いま、道元が生まれたとき、東大寺再建の事業は終局を迎えようとしていたと書いたが、その仕上げ作業の一つが、東大寺南大門におさめられるはずの金剛力士像《こんごうりきしぞう》二体の制作であった。重源は建仁《けんにん》三年（一二〇三）に、この像の制作を当時の大仏師であった運慶《うんけい》と快慶《かいけい》に命じていた。ときに道元は四歳であった。

われわれは、運慶や快慶に代表される鎌倉彫刻が、個性的な表情を生き生きと刻みだすレアリズムの手法につらぬかれていることを知っている。東大寺南大門の金剛力士像はもとより、運慶作の無着《むちゃく》や世親《せしん》の像、快慶作の僧形八幡《そうぎょうはちまん》像、そしていまもなお東大寺の俊乗堂《しゅんじょうどう》に安置されている重源の坐像などは、いずれも鎌倉時代の肖像彫刻を代表する逸品である。そしてこのようなダイナミックな写実の精神が、やがて、さきにのべたような道元の「月見の像」というすぐれた画像をも生み

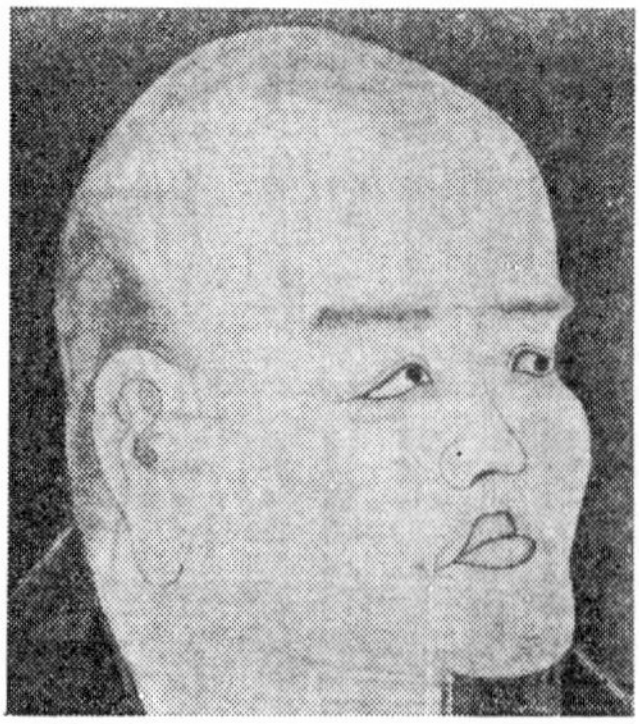

「月見の像」（部分）

重源像（作者不明）

だす原動力であったことを忘れてはならないであろう。われわれは、重源像の表情のうちに東大寺再建にその全生命を燃焼させた人間の強い意志と敬虔《けいけん》な祈りをみとどけることができるように、「月見の像」における道元の生動する骨格のなかに、かれの人間的な息吹きを感じとることができるのである。

道元は三歳のとき父を失ない、八歳にして母に死なれたが、この母にさき立たれた承元《しようげん》元年（一二〇七）に、当時、法然《ほうねん》（源空《げんくう》）のもとに勢いを伸ばしつつあった念仏門《ねんぶつもん》（浄土宗）が弾圧されるという事件がおこった。笠置《かさぎ》寺の貞慶《じようけい》が浄土宗を弾劾する奏状《そうじよう》を書き、これを興福寺が朝廷にさしだして、受けいれられたからである。

権威主義と俗化によって精神的に荒廃していた南都《なんと》（とくに興福寺）や北嶺《ほくれい》（比叡山）などの旧仏教は、民衆に影響力をもつ法然たちの新しい宗教運動を、自分たちの利害のために徹底的に排除しなければならないと考えたのである。このとき法然は土佐に、そうしてかれの有力な弟子の一人であった親鸞《しんらん》は越後に流された。

のちに中国への留学から帰国した道元も、新しく学んできた禅を唱えるにおよんで、かつては自分も勉学・修行にはげんだことのある比叡山から、きびしい干渉と圧力をこうむることになる。かれはそのとき、転身への重大な決意を強いられた。道元の禅もまた、親鸞の信仰とともに、正統を誇る旧仏教の伝統的な教義からは、許すべからざる異端と映ったのである。

道元と親鸞

道元が二四歳で入宋した翌年は、元仁《げんにん》元年（一二二四）であるが、このとき五二歳という円熟期にさしかかっていた親鸞は、その主著である『教行信証《きょうぎょうしんしょう》』をほぼ書きあげていた。『教行信証』の写本のうち、もっとも価値が高いとされているものが、ながらく浅草の報恩寺《ほうおんじ》に伝えられてきた、「坂東本《ばんどうぼん》」といわれる親鸞の自筆本である。親鸞研究は、この坂東本の調査によって飛躍的な展開をみせたといわれるが、いまは、その親鸞自身の筆蹟をみてみよう。

まず第一に、道元の書を見なれた眼で親鸞の書に接するとき、そのあまりの自由奔放さに驚かされるであろう。その筆の運びには、道元の書におけるような型の安定性といったものはない。一見して、とても「上手」の手になるものとは思われないのである。ぎごちなく、角ばっているので、お世辞にも美的な趣きがあるとはいえない。だがしかし、その一つひとつの字をじっとみつめていると、一画一画をごまかさずに、几帳面に書いているのが自然にこちらに伝わってくる。道元の書にあらわれる几帳面な味とどこか共通するところがあるのだが、だが、それ以上に、親鸞の書のほ

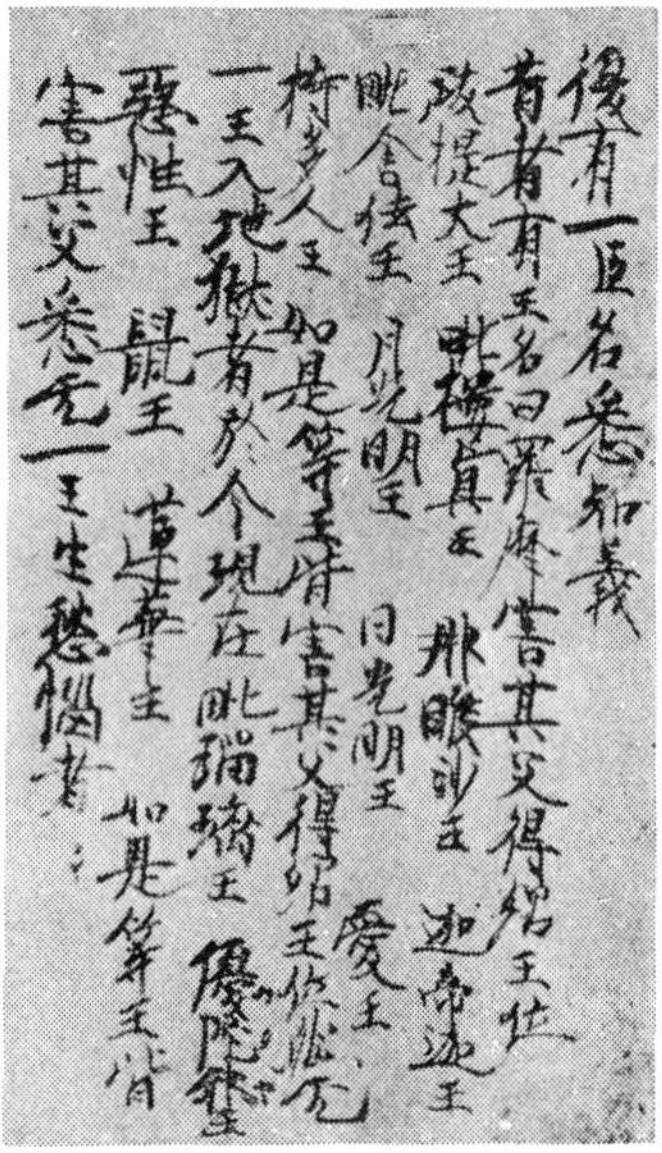

坂東本『教行信証』（親鸞真筆）

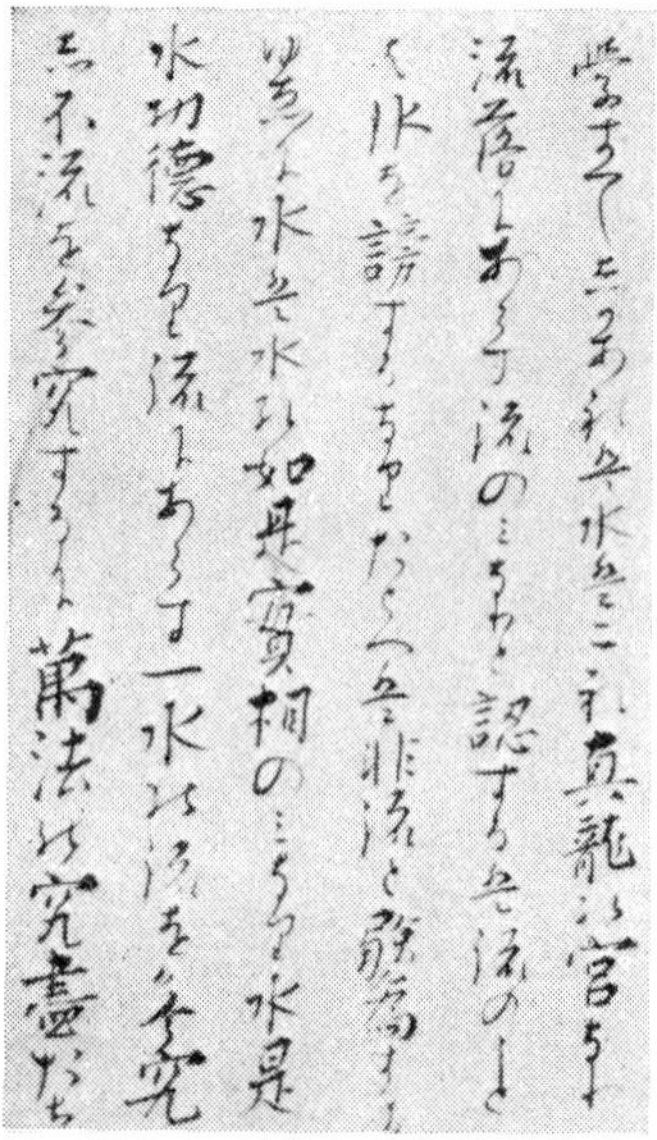

「山 水 経」（道元真筆）

うには、一つの緊張感の塊りのようなものがあって、それが生々しい精気を発散させている。とくに、「信」の字や「実」の字や「鸞」の字に、その伸びのあるリズムが脈打っている。それならば、書として流麗かというと、けっしてそうではない。迫力はあるが、雄渾豪快というのではない。そして何よりも、道元の筆跡にみられる安定した澄明さが欠けているのである。

わたくしは、同じ時代のすぐれた思想家のものとして、道元の書と親鸞の書とをならべて、あれこれ思案するのがすきである。そしてそれに、日蓮の書を加えることもある。筆跡のせんさくによって、それぞれの人間の性格や思想までをも想像するのであるが、ときにはそこへ肖像画をもちこんで見くらべたりすることがあり、そうなるとわたくしはもう時のたつのも忘れる。かれらの手になる筆跡と、かれらの生身《なまみ》の姿を写しだす画像は、鎌倉時代という時代の勢いと、その時代に咲いた文化のさまざまな様相を、そこはかとなく暗示しているようなのだ。

かつて、フランスの哲学者であるジャック＝マリタンは、宗教改革運動の指導者マルチン＝ルターを論ずるときに、ルターの青年期から中年期にいたる三葉の写真をもちだして、ルターにおける人間の分析をおこなった。若いころのルターの写真は、誠実な禁欲僧のおもかげをとどめているのにたいし、改革運動に成功したころの自信にみちあふれた二枚目の写真は、肉がついて太りぎみになったからだがやや緊張感を欠いている。そして最後の写真は、牛飲馬食してぶくぶくとみにくく太ってしまったルター、すなわち封建諸侯と妥協し、かつての理想主義を捨てさったあとのルターをあらわしている、というのがそのアイロニカルな論旨であった。

いま、道元についてこのような方法を適用しようというのではもちろんないが、わたくしは、道元の生涯と思想を論じていく場合、かれによって書きのこされた著述とともに、かれの筆跡や絵像なども欠かすことのできない重要な資料であると思っているのである。

以上われわれは、道元が生きた時代の状況を、どちらかというと巨視的な観点からたどってきた。道元の活躍した社会的な舞台が、さまざまな可能性に富む、生新の気にあふれた世界であったことを、いわば大局的に遠望してきたのである。だから以下においては、こんどはよりいっそう道元のそば近くにしのび寄って、その生活史の細かい場面に視線を注ぐことにしよう。一個の人間として、かれが、自分の心理と身体をいかにして新しい環境に適応させ、もう一つの自己へとどのように転身していったかを、微視的に観察することにしよう。

比叡山へ

出生にまつわる謎

道元は正治《しょうじ》二年（一二〇〇）正月に、京都で生まれたとされている。父は村上源氏の正系をつぐ源通親《みちちか》、そして母は、藤原北家の由緒正しい血筋を引く藤原基房《もとふさ》の娘・伊子《いし》であったという。もしこれが事実だとすると、道元が誕生したとき、父の通親は正二位内大臣、そして母は、のちに従三位を贈られることになるほどの地位にあったのだから、道元はまさに宮廷貴族の最上層の家柄に生を受けたということになる。

しかし道元自身は、その著作のなかのどこにも、父や母について具体的にのべてはいない。『尊《そん》卑《ぴ》分脈《ぶんみゃく》』というような権威ある系図集をみても、道元の名はでてこないのであって、かれを通親の息と記す系図は、せいぜい江戸時代に作られたものであるにすぎない。そういう意味では、道元が右のような貴族の出であることを証明する直接的な資料は、われわれの手元にはのこされていないのである。

ただ、一四世紀のなかばすぎに刊行された高僧伝の一つ『元亨釈書《げんこうしゃくしょ》』（虎関師錬《こかんしれん》編）や、道元の伝記史料として価値が高いとされる『永平寺三祖《さんそ》行業記《ぎょうごうき》』（一四世紀末ごろの成立、以下『三祖行業記』と略

村上源氏久我流系図　『尊卑分脈』より略出

通親　内大臣　正二位
- 通宗　参議　正四位
- 通具　大納言　正二位
- 通光　太政大臣　従一位
- 定通　内大臣　正二位
- 通方　大納言　正二位
- 通行　権大納言　正二位
- 雅任
- 親縁　大僧正
- 証空　法然上人資
- 雲快　僧正
- 定親　大僧正
- 女子在子　後鳥羽院妃
- 女子親子　従二位　後嵯峨院御乳母

久我家系譜　永平寺所蔵

通親
- 通宗
- 通具
- 通光
- 定通
- 通方
- 通行
- 親縁
- 証空
- 道元
- 雲快
- 定親
- 在子
- 親子
- 女子

記する）などによると、両親についての具体的な記述はないにしても、道元がとにかく京都の貴族の出であり、その家系が村上源氏に属していたということが明言されている。こうして、道元の家系調べ、両親探し、というテーマをめぐって長年月にわたる研究上の試行錯誤が、江戸時代の宗史家や近代の歴史家によって今日にいたるまで続けられてきたのである。そのうちの若干の問題点について、簡単にふれておこう。

　第一の問題は、道元の父または養父についてである。道元の法語や詩偈《しげ》（宗教詩）を集めた『道元和尚広録《どうげんおしょうこうろく》』（または『永平広録』）によると、かれは、のちに永平寺で「育父（養父）の源亜相《げんあしょう》」の供養《くよう》

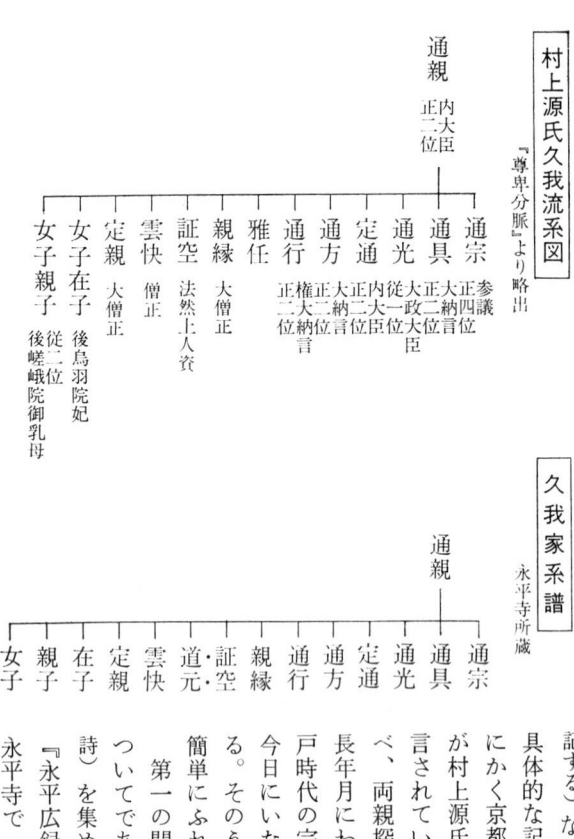

藤原氏系図

『尊卑分脈』より略出

- 道長 …… 忠通
  - 基実
  - 基房
    - 家房
    - 隆忠
    - 師家　摂政大臣
    - 聖尊　大僧正
    - 兼寛
    - 尊誉
    - 尊澄
    - 女子　参議高能室
    - 忠房　正二位・大納言
    - 仁慶　大僧正
    - 良観　法務大僧正
    - 実尊　法務大僧正
    - 承円　天台座主
    - 道弘
    - 行意
    - 最守
    - 女子　従二位寿子
    - 女子・女子・　従三位伊子（道元母カ）
    - 女子　従三位公明室
  - 兼実

のために法話をおこなっているが、種々の史料操作によって、この「源亜相」は源通具《みちとも》であるとされた。そして通具がたまたま通親の第二子であるところから、道元の実父は通親、その育ての親が通具ではなかったのか、と推定されたのである。

第二は、道元の母についてである。『三祖行業記』によると、道元の母はさきにふれた藤原基房の子であることが間接的に推測されるのであるが、この基房には四人の女子がいた。そのうち三人は他家に嫁しているので、結局は第三女の伊子が道元の母ではなかったのか、というところにおちつく。ところが『源平盛《げんぺいせい》衰記《すいき》』によると、右の基房は「無類の美人」のきこえが高かった一六歳の娘を木曽義仲の嫁にやって、ふたたび政界へ返り咲いたのだ、という。だがやがて、義仲は寿永《じゅえい》三年（一一八四）に範頼《のりより》と義経《よしつね》の軍によって京都を追われて敗死する。この「史実」がどのていど確実なものかはわからないが、いつしか道元伝の論者たちは、このとき義仲と死に別れた薄幸の「美人」が伊子だったのではないかと考えるようになったのである。

そして一つの推測は、またもう一つの思わぬ推理をよぶものだ。基房の娘の「美人」が、義仲の死後どのような運命をたどったのかを示す史料はまったくないにもかかわらず、伊子と同一視されたかの女こそが、じつは、源通親に再嫁して道元を生んだ当人であった、というように論じられることになったのだ。その理由として、第一に、通親が正室のほかに多くの側室をもっていたということ、第二に、基房と通親の正妻同士が姉妹の関係にあり、したがって義兄弟であったということ、があげられた。

あちらこちらに散在している二次的な資料をつなぎ合わせていくと、たしかに右のような推理の糸がたぐりよせられていくのである。信頼できる第一次的な資料がないかぎり、現在のところ、そう考えておくのが自然であるように思われるのであるが、しかしこの推理の糸はいまにも切れそうな危さをもってもいる。かといって、それを積極的に否定するだけの証拠もない。歴史上に有名な人物の出自には、往々にしてこうした謎がまつわりついているものだ。

道元の出生にみられる、あいまいで、複雑な状況が、じつは親鸞の場合ともよく似ているのは、はなはだ興味深い。親鸞は、信用できるたしかな証拠もないのに、京都の貴族であった日野有範《ありのり》の子として生まれ、九条兼実《くじょうかねざね》の娘・玉日《たまひ》姫《ひめ》を妻にした、と後世伝えられるようになったからである。もしも右のことがすべて「事実」であるとすれば、兼実と基房とはじつの兄弟であるから、道元の母（基房の娘）と親鸞の妻（兼実の娘）とはイトコ同士ということになってしまう。それはもちろんありえないことではないかもしれないけれども、それを、歴史上の奇縁とよぶか、あるいは資料操作上の皮肉と考えるかは、読者の判断にゆだねるほかはない。

だがいずれにしても、道元は通親と伊子とのあいだに生まれた子、すなわち通親の正妻による子ではなく側室によって生まれた子である、というのが、今日における道元の伝記研究者たちがほぼ一致して認めている見解なのである。

われわれは、道元の出生の秘密について、あるいは両親のありかについて、あまり神経質になったり、こだわったりする必要はないと思う。それをまったく無視することはできないにしても、道元の一生の仕事の高さを論ずることにくらべたら、かれの出自に関する問題を細かく検討することにそれほど重大な意味があるとは考えられないからである。家系に関する議論はここらで打ちきって、さきへとすすむことにしよう。

向学心に燃えて

道元が誕生したときの「奇瑞《きずい》（奇蹟）」や、その幼少年期の「神童ぶり」については、さきに紹介した『三祖行業記』や、永平寺第一四代の建撕《けんぜい》和尚の編集した『建撕記《けんぜいき》』（一五世紀後半の成立）などに、「聖人伝」や「英雄伝」によくみられるような類型的なタッチで描かれている。誕生したときの道元をみた占い師が、将来かならず大器となるであろうと予言したとか、生母が、「この子は比類ない大聖人となるであろう」というお告《つ》げをきいたとかいうのがそれである。また、幼くして非凡な才能を発揮した道元は、四歳にして李嶠《りきよう》（唐の詩人）の百首の詩をよみ、七歳にして『左伝《さでん》』や『毛詩《もうし》』をよみ、九歳のとき世親《せしん》の『倶舎論《くしやろん》』をよんだという。

これらの逸話が、事実をのべたものなのか、あるいは誇張された神話的修飾であるのかはよくわからないが、道元が子供のころから向学心に燃えて、勉学に精励したであろうことは、かれの後年の著作活動をみればただちに了解されることである。

道元の誕生地についても、たしかな資料はない。だが、当時の習慣によって母方の実家で生まれたであろうということ、それに、道元の母が側室であったということなどの理由にもとづいて、道元は、母方の祖父である基房の別荘があった宇治の木幡《こばた》で生まれたのではないかと推定されている。かれはこの木幡の山荘で、一三歳の春まで過ごしたらしい。

道元三歳のとき、父の通親が逝《ゆ》き、八歳にして生母を失った。わずか五年の歳月をへだてて、孤児の境遇におちたのである。このときかれは、その幼な心に、ままならぬ世の中にたいする悲哀の感情を抱いたであろう。そのことを疑うことはできない。だが、そうだからといってわたくしは、道元が一般にいわれているように、母の死に会って世間の「無常」を悟り、そして求法《ぐほう》の旅にのぼったのだ、とは思わない。かれが深い悲しみにとらえられたであろうことは理解できるが、たとえば『三祖行業記』がいうように、そのときかれが「世間の無常」を悟ったとはとうてい思われないのである。肉親を失ったときに生ずる人間的な悲哀の感情と、仏教的な教義にもとづく無常観とのあいだには、意識のうえでも考え方、感じ方のうえでも天地のへだたりがあるからである。

一般にみられることだが、すぐれた高僧や名僧の伝記をみると、道元や親鸞の場合と同じように、幼くして父や母の死に会い、立ちのぼる香の煙をみて、ひそかに世間の無常を悟り、出家の道をえらんだ、というような文章に出会う。少年―両親の死―無常―出家、という、よくみなれた図式である。わたくしは、こういう形式的なきめつけ方を好まない。少年の出家というきわめて微妙な問題を、そのように表面的に割りきってしまうのはやはり危険であると思う。

デンマークのすぐれた実存哲学者にキェルケゴールという人がいる。かれは、こういっている。泣き叫んでいる赤児は、全身に力をこめてそうする。赤児は反省的な意識をもっていないがゆえに、その肉体の泣き叫びは、いわば苦しみ《ライデン》そのものである。赤児は、生理的な原因以外の理由なしに、ただひたすら泣き叫んでいる。これにたいし大人は、わが身にふりかかった不幸や生活上の挫折に直面し、それを反省的に想い描き、感情の波に身をまかせて、泣くことができる。そこには、自分の感情がやがて慰撫《いぶ》され、しずめられるであろうことを知っている、反省的な悲しみ《シユメルツ》があるだけである。こうして赤児は「苦しみ」に泣き、大人は「悲しみ」に泣くのだ、と。

道元の苦しみと無常

わたくしはさきに、道元は母の死に会って悲哀の感情にひたされたであろうと書いたが、キェルケゴールの右のことばを虚心によむと、少年の出家という問題は、むしろ赤児の「苦しみ」と共通する問題ではないのかという気がする。大人になって、人生の辛酸をなめ、いくたびか人生に挫折して、それでやっと人生や世間の「無常」を感じて出家するという人がいる。わたくしはそういう人の悩みや心を理解することができる。キェルケゴールのいう「悲しみ」に泣いた人が、新しい人生へと転身していく姿に共感することができるのである。

しかしわずか十代前後の少年が、これからやっと人生の喜怒哀楽を経験しようというやさきに、とつぜん、それとはまったく別の世界に身をのりだしていくという、そういう「少年の出家」を理解するのはかなりむつかしい。少年の心というものは、そもそも「無常」というものを内面的に理解するようにはできていない、とわたくしは思う。八歳のとき母を失った道元からわたくしが感ずることのできるのは、理由なしに泣き叫ぶ赤児のそれのような、純粋な苦しみだけであるような気がするのである。

道元が一三歳になったとき、鴨長明《かものちょうめい》は『方丈記《ほうじょうき》』を書いて、中世の無常感に美しくも流麗な形式をあたえた。これは中世の時代精神をくっきり浮彫りにする稀有《けう》の作品であったといえるが、それはいってみれば、大人の「悲しみ《シュメルツ》」の感情によって書かれた無常文学であった。道元における「少年の出家」の問題とこの無常文学とを直接に結びつけるようなやり方は、八歳のときの道元を、虚飾なく理解するためにはけっして有効な方法ではない。『正法眼蔵随聞記《しょうぼうげんぞうずいもんき》』第四によると、道元は後年になって次のようにいったという。

自分ははじめ、「無常」によっていささか道心をおこしたが、そのあと比叡山の修行をやめて、あまねく諸方を歩いて道を求めた。

と。ここのところは、道元が無常を悟って出家したことを説明するためによく使われる文章である。だが、ここにでてくる「無常」ということばだけをとりだして、それをあまりに過大に評価しようとするのはどうかと思う。なぜなら『随聞記』のこの部分の直前で、道元は次のようにいっているからである。

はじめて仏道を修めようとするものは、道心（道を求める心）があってもなくても、とにかくまず、経論や聖教をじっくりと読むべきである

と。さらにまた、「無常によって道心をおこした」とみずからのべたあとのところで、道元は次の

ように続けている。

あまねく諸方を歩いて道を求め、京都の建仁寺《けんにんじ》にとどまったが、そこには正しい師も善き友もいなかった。だから自分は邪念をおこした。人はよく、学問を修めて、国家に認められ、名誉をえよ、と教えているが、自分も教法を学んで、日本国の昔の賢者や大師と肩をならべるほどの人物になりたいものだ、と。

初心者は、あまり道心の有無にこだわらずに、まず仏教の勉強をしなければならない。自分は、無常によっていささか道心をおこし、やがて修行の生活に入ったが、ろくな師も友もいなかった。そこで、何とか世間から称讃されるような偉い聖者や師になろうというよこしまな心をおこしてしまった。

要するに、いま問題にしている『随聞記』第四の部分を虚心によむかぎり、われわれは右のようによみとるほかはないのである。道元はむろんこのあとで、ふとおこしてしまったこのような「邪念」を反省したとのべている。だがそれはとにかくとして、『随聞記』第四のこの一段が問わず語りに伝えている若き道元の姿は、一〇歳にもみたないうちに無常の理《ことわり》を悟りすましたような、頭でっかちな少年の姿などではない。そうではなくて、知的好奇心にあふれ、負ん気の自負心と燃えるような向上心をもった、生き生きとした少年の姿をこそ伝えているというべきだ。かれが母の死によって、世間の無常をまったく感ずることがなかったというのではない。その純な心の内に、敬虔な求道の気持ちがまったくわかなかったというのでもない。そのような、たんなる宗教家的な資質のなかにはおさまりきれないような、はげしい生命力と覇気が、道元の内にあったということだ。

比叡山の根本中堂

そう思ってみるとき、われわれは、『建撕記』が伝えているような以下の情景に素直にうなづくことができる。たとえば、九歳のとき道元は世親の『倶舎論』をよみ、勉強中に眠気がさしてくると、針で股を刺し勇猛心をふるいたたせた、という。ここで断っておかなければならないのは、『倶舎論』というのは、仏教教理に関する大百科辞典のようなもので、一〇歳そこそこの子供に理解できるようなものではないということだ。それは求道の書でもなければ、いわんや信仰告白の書でもない。『歎異抄《たんにしょう》』や『随聞記』をよんでえられるような感動を、それによってあたえられることなどまず絶対にありえないことなのだ。もしそうだとするならば、この時期の道元の刻苦精励の姿を、禁欲的な修行僧というようなイメージを重ねてみるべきではない。むしろ、さきにものべたように、知的にすぐれた早熟な少年の向学心の発露とみたほうが自然である。自分の知的な能力を試すためのテキストとしては、『倶舎論』はおそらくまたとない良い教材であったはずである。

おもいきった決断

小幡の地で過ごしていた少年時代の道元について、これ以上のことはわからないが、一三歳になったとき、かれは比叡山にのぼって出家し、学問を修める決意をかためた。すでに父と母が亡くなり、身心のやすらぎをえる家庭環境も失われていたことが、かれの一途な想いをつのらせたのであろう。

ときに建暦二年（一二一二）、念仏門の法然が没し、鴨長明の『方丈記』が成った年である。かれが最初に頼ったのは、母方の叔父にあたる良観《りょうかん》法印であった。良観は比叡山の山麓に居をかまえていたが、道元のかたい決意を知り、紹介状を書いて比叡山の横川《よかわ》にある千光房《せんこうぼう》という道場に送りこんだ。

この年、比叡山の最高位、天台座主《ざす》の地位にあったのは慈円《じえん》であるが、その翌年の建暦三年の一月には辞任し、公円《こうえん》が第七〇代目の座主職をついだ。慈円は知られているように、『愚管抄《ぐかんしょう》』というすぐれた歴史書を書き、また勅撰集にいつも名のでる歌よみであったが、公円は戒律を厳格に守り、地味に修行にはげむ学匠であった。道元はこの公円について剃髪《ていはつ》し、出家したのである。だがかれは、比叡山での生活をわずか二年できりあげ、建保二年（一二一四）の春には天台教団をみか

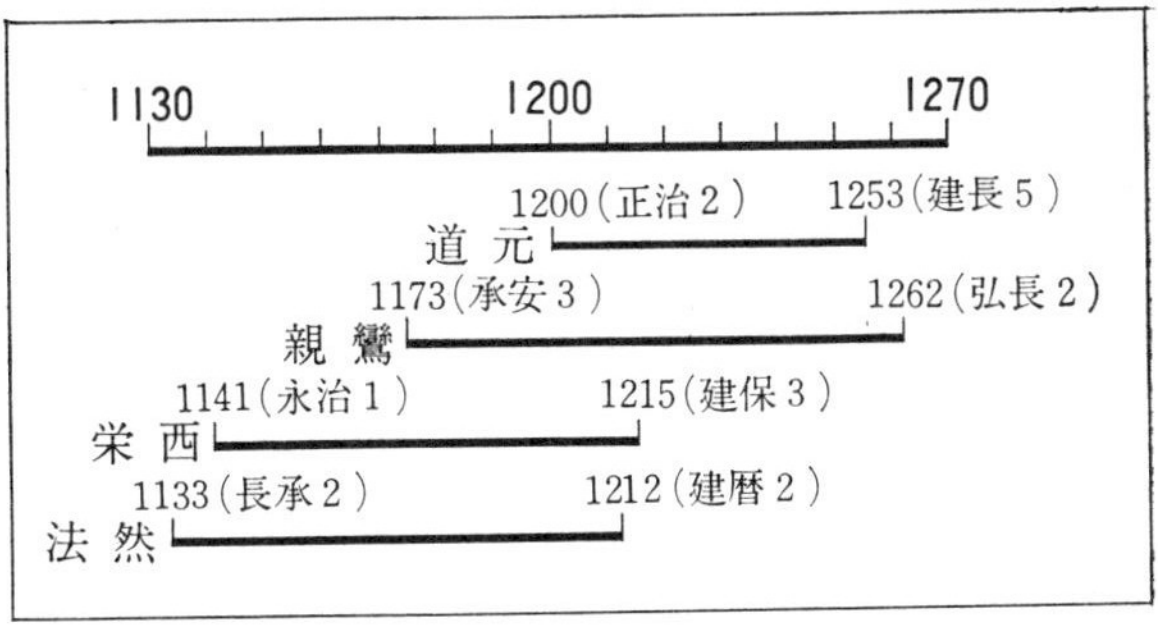

ぎって下山してしまう。そして、智徳が天台座主をはるかに上廻ると噂されていた園城寺《おんじようじ》の公胤《こういん》の門をたたいて、年来抱いていた疑問をただすことになる。

道元が叡山での修行をわずか二年で打ちきってしまったというところに、わたくしはいかにも道元らしい行動の型を感ずる。きびしい批判精神、するどい判断力——そういうものの発動がそこにはあったように思う。道元にやや先行する同時代人の親鸞は、九歳で比叡山にのぼり、二九歳で山を下って法然の門をくぐった。かれは「堂僧」という下積みの下級僧として二〇年間を比叡の山中で過ごしたのである。また、道元よりややのちに活躍を開始する日蓮《にちれん》は、二一歳のときに叡山にのぼり、三二歳のときに下山して「南無《なむ》妙法蓮華経《みようほうれんげきよう》」の題目《だいもく》を唱えるようになった。かれは一一年のあいだ叡山での修行に打ちこんだのである。

親鸞や日蓮にくらべて、道元の叡山滞在期間があまりに短いのは、いったいどうしたわけであろうか。道元における人間の性格という点ももちろん考えられるが、同時に比叡山をとりまく客観的な状況という要素も無視することができないであろう。

第一に、当時の比叡山には、奈良の興福寺などと同様、武装化した僧侶、すなわち僧兵が組織されており、自分たちの利益を押し通すために京都の皇居や大臣の邸宅に乱入し、政治的な圧力をかけることを日常茶飯のこととしていた。第二に、天台教団の内部が山門（比叡山派）と寺門（三井寺派）とに分裂して派閥抗争にあけくれ、有力な寺院には、皇室や貴族など権門の子弟が入って世俗化し、修行道場としての気風がすたれてしまっていた。第三に、もともと天台宗の立場は、法華経《ほけきょう》にもとづく理論的な教義、密教経典にもとづく加持祈祷《かじきとう》（現世利益のためのお祈り）などの修法を中心として、それに浄土教の観想念仏《かんそうねんぶつ》や禅系統の瞑想、および大乗《だいじょう》仏教の戒律などを総合することを旗印とするものであったが、このような伝統がしだいに密教の加持・祈祷を中心とする儀礼主義へとゆがめられていた。道元が公円などから学んだものも、おそらくこのような密教の儀礼作法だったのではないだろうか。

以上のような、当代の代表的な宗教界にみられる状況は、道元にとってその一つひとつが耐えがたいものと映っていたと思われる。純心な真理の探求者にとって、とうてい許しがたい現象とみなされたにちがいない。しかしふりかえって考えてみれば、このような状況は、親鸞の場合でも日蓮の場合でも、根本的にかわりはなかったのである。それにもかかわらず、かれらは一〇年なり二〇年なりの歳月を、山の上で耐えしのんだ。そして道元はといえば、わずか二年間で比叡山での生活をきりあげたのである。かれが一〇年、二〇年の歳月をかけずに二年間で山にみきりをつけたのには、もちろんそれなりの理由があったとしなければならない。道元なりの、道元だけに固有の悩みと、そして決断があったはずである。

疑問を抱く

『三祖行業記』や『建撕記』によると、道元はこのころ修行の本質をめぐって大きな疑問を抱いたという。その疑問がいつごろきざしたのかははっきりしないが、おそらく比叡山にのぼってまもなく抱き、それがひとつの発条《バネ》となって、かれに下山を決意させ、それ以後の遍歴時代へとかれをかりたてたのではないかと思う。

その疑問というのはこうだ。

顕密の二教共に談ず、本来本法性、天然自性身と。若し此くの如くならば、則ち三世の諸仏、甚《なん》に依ってか更に発心して菩提《ぼだい》を求むるや。

大乗仏教には、顕教《けんきょう》（華厳経《けごんきょう》や法華経《ほけきょう》にもとづくロゴス派）と密教《みっきょう》（大日経《だいにちきょう》や金剛頂経《こんごうちょうきょう》にもとづく秘密派）との二派があるが、これらはともに「本来本法性、天然自性身」ということを説いている。くだいていえば、人間というのは、生まれながらにして悟っている存在であり、完成された、理想的な人格をそなえている、ということだ。もしもそうであるならば、無限の過去から今日にいたるまでの諸仏は、どうしてくり返しくり返し、志を立て、真理を求めて修行しなければならなかったのか。もともと悟っているのに、なぜ悟りを求めて修行したのか。そのような修行にいったいどういう意味があるのだ、というのが道元の疑問であった。

常識的に考えれば、十代をこえたばかりの少年がわずか二、三年でこのような疑問につきあたるというのは、少々早すぎるような気がしないでもない。一〇年、二〇年の星霜《せいそう》をへてはじめてそのような疑問につきあたってこそ、その疑問に重味が加わるのだ、という立場があるだろう。だがそのような考え方は、やはり大人の論理にもとづく考え方だ。少年のするどい頭脳は、もっと単純で、直線的である。もともと悟っているものが永遠に修行を続けていくといういい方のうちに、論理の矛盾をかぎつけるのは少々知性のかった子供ならば、道元ならずとも誰でも気がつくような問題である。親鸞も日蓮も、同様の疑問をいくつかもっていたであろう。だが、かれらは、道元のようには、すぐ山を降りることをしなかった。かれらにはかれらなりの事情があって、権威ある叡山の学僧たちに、ただちに離縁状をたたきつけることができなかったのだ。かれらはいくつかの疑問をもちつつ、一〇年、二〇年をしのんだのであるが、道元のほうは、疑問を抱くと同時に、それをテコにして直接行動へと出ていった。

ここで第二に考えなければならないのは、当時の比叡山の天台教団では、人間は最初から悟った存在なのだ、という思想があたり前のこととしてまかり通っていたということである。人間にはもともと理想的な人格が内在しているのだと主張するのであるが、この考え方をつきつめていくと、個人の宗教体験はそのまますなわち悟りの宗教体験であるということになるであろう。つまり修行僧は、自分だけが知っている、自分だけの宗教体験を自然に絶対視してしまう傾向があったといえる。こういう立場を、天台の「観心主義《かんじんしゅぎ》」とか「本覚門《ほんがくもん》」とかいうのであるが、こうなるとたとい一切の修行をしなくとも、自分は本来的に悟っているのだ、と居直りめいたことを主張する修行僧がでてくる。戒律を守り、修行にはげむ禁欲主義とは正反対の、すべてのことが許されるという極端な自然主義が生じてきたのである。

親鸞も道元も日蓮も、このような叡山の行き方に抵抗して山を降りた点では共通していたが、そのような「観心主義」をもっともするどく批判し、ためらうことなく身をもって示したのが道元であった。若い修行僧時代の血気さかんな道元、直情径行の道元の姿が、そこからはくっきり浮かびあがってくるであろう。

さきにかかげた『随聞記』第四のなかで、若き日の自己を回顧している道元は、当時の日本では「大師」といわれているような高僧たちはことごとく「土瓦《つちがわら》」のごときもののように思ったものだ、といいきっている。日本仏教の伝統を否定する強さにおいて、右のことばに匹敵することばをわたくしはほかに知らない。道元ほど日本仏教史上の先輩にたいして冷い挑戦状をたたきつけた人間が、ほかにいるであろうか。この否定的な挑戦状のはげしさと、かれの一途な直接行動には、かならずや同じ音色の思想が流れているはずである。

山を降りる

山を降りた道元は、まず三井寺《みいでら》の公胤《こういん》僧正を訪ねた。公胤は、天台宗のなかで、山門派の比叡山に対立していた寺門派の総師であった。公胤は父方の久我《こが》家一族と親交があったと伝えられているが、そういう縁故を頼ったのであろうか。とにかくこのとき道元は、山上で抱いた疑問をぶつけている。しかし公胤は道元の質問に答えることができず、そのころ建仁寺《けんにんじ》の住持《じゅうじ》になっていた栄西の門をたたくように助言した。こうして、理想に燃える若冠一五歳の道元と、中国から臨済禅《りんざいぜん》の新風をわが国にもたらして高い名声のなかにあった栄西との邂逅《かいこう》が、ここに実現されることになった。

大先輩・栄西

道元が栄西に近づいて入門したいきさつは『建撕記』に記されているが、『宝慶記《ほうきょうき》』にも、自分は栄西について、中国直輸入の新知識である「臨済の宗風」をはじめて学んだ、といっている。『宝慶記』というのは、のちに道元が入宋して、そこで生涯の師である如浄《にょじょう》に出会い、その師とのあいだにかわされた問答を、道元があとになって記録したものである。

比叡山での修行時代に大きな疑問を抱いて山と訣別した一五歳の道元が、そのような難問をかか

現在の建仁寺

えこんだままただちに栄西のところにおもむいたことの意味を、わたくしは重要だと考える。ときに建保二年（一二一四）であった。なぜ重要であるのかを知るためには、あらかじめ栄西の人となりとその活動の性格をあきらかにしておく必要があるだろう。

第一に、栄西は一四歳のときに叡山にのぼり、一〇年以上もとどまって修行したが、二八歳のときにわかに入宋の志を立て、商船に乗って出国している。このときは一年たらずで帰朝しているが、四七歳になってふたたび入宋し、六年間滞在した。このときかれはインド行きをも計画したが、これはついに果たさずに終わった。道元が叡山にいたころ、栄西はすでに豊かな中国体験をもつ新帰朝者として名を成し、京都と鎌倉のあいだを席のあたたまるひまのないほどに往来していたのである。山の上にいたまったく無名の道元は、はるかかなたの山の下の世界で活躍している有名な栄西の行動を、ひそかにじっとみつめていなかったか。比叡山の先輩僧・栄西のように、自分もいつかは山を降り、宋に渡り、そして自己の運命を試してみようという希求の念を、その胸の内に隠してはいなかったであろうか。

中国の事情を知る国際的な知識人という栄西のイメージこそは、一時期の少年道元にとって何ものにもかえがたい憧憬《あこがれ》の対象であったような気がする。やがて道元は、それこそが人生の一大事であるかのように、中国行きを熱望するようになる。かれが入宋を望んだのは、もちろん熱い求法の志があったからであるが、しかし同時に新しい世界にたいする好奇心につき動かされたからでもあった。この時期の道元は、あきらかに栄西を強く意識し、かれの行動によって刺激を受けていたとわたくしは思う。

第二にこういうことがある。栄西は叡山で修学し、その宗風を立て直そうと努力したが、かれの新知識にもとづく宗教活動は、しだいに叡山や南都に代表される旧仏教の方針と対立するようになったということである。そこに栄西の新鮮な魅力があったが、しかしその反面、かれは鎌倉幕府の将軍家や京都の朝廷に抜け目なく近づいて、援助を受け、その政治的手腕をいかんなく発揮した。鎌倉では、北条政子《まさこ》の寺である寿福寺《じゅふくじ》の住職となり、のちに源頼家が京都に建仁寺を建てるとその住職にもなった。しかも将軍家の後援を利用して、この建仁寺を叡山の末寺とし、旧仏教との摩擦を避けることに成功したのである。

かれは建久九年（一一九八）に『興禅護国論《こうぜんごこくろん》』を書いて、禅宗の興隆によって国家が栄えると説いたが、このような妥協的な態度をとることによって、かれは幕府の擁護をとりつける一方、旧仏教との対立をも緩和することに意をもちいた。またその晩年の建保二年（一二一四）には、将軍実朝が病気ときくや、中国伝来の茶をすすめ、みずから筆をとって『喫茶養生記《きっさようじょうき》』二巻を書いて提出した。それだけではない。栄西は大師の称号をえるためにワイロを使って運動したともいう。慈円は『愚管抄』のなかで、栄西のなみはずれた名誉欲を非難し、藤原定家もその日記『明月記《めいげつき》』のなかで栄西の行動をあざけっている。

道元は、そういう栄西の人間くささ、名利にさとい性格、政治好きの俗物根性について、いろいろ耳にすることがあったであろう。そしてそのような生き方を、心の底ではけっして許すことがなかったであろう。のちにみることになるが、道元の著作やその行動様式にあらわれているかれの潔癖な性格は、栄西のような現実主義的な生活行動を認めるはずがなかったからである。

栄　西（鎌倉 寿福寺蔵）

栄西を批判する

道元は大先輩の栄西の思想と行動を、まことに複雑な気持ちでながめていたにちがいない。かれは、知識人としての栄西の行動範囲の広さと国際性にあこがれをもつ一方で、宗教者としての軽薄さや世俗的な振舞いをひそかに軽蔑していたのではないか。中国の臨済禅の宗風をわが国に紹介し、宣伝したという点で、栄西は、たしかにすぐれた先覚者であった。しかしその臨済禅の宗風は、日本の宗教や政治の世界と交わるなかで、汚されたもののように道元の目には映っていたはずだ。このような道元の屈折した想いは、これからのちのかれの生活に微妙な影をおとしていく。

さきにふれたように、『宝慶記』のなかで道元は、栄西に出会ってはじめて「臨済の宗風」をきくことができたといっている。しかしそのような「臨済の宗風」をきくことで満足できなかったであろうことは、かれがやがて自分の目でたしかめるため入宋していることによっても、ほぼ推測がつく。そして帰朝後、中国本土の「臨済の宗風」がいかに堕落しているかということを、かれはくり返し『正法眼蔵』のなかで主張するようになるのである。そのときかれは、はるか昔に出会ったことのある栄西の姿を脳裡に想い浮かべることがなかったであろうか。

もっとも後年になって道元は、栄西の人となり、その師としての志操の高さを回顧し、讃えている。『正法眼蔵随聞記』に記されている挿話のなかで、栄西の禅風のユニークさを示すエピソードは一、二にとどまらない。そのなかの有名な話の一つに、こういうのがある。

栄西が建仁寺にいたとき、一人の貧乏人が訪ねてきて、家は貧しく、親子三人がいまにも飢え死にしそうであるという。寺には何もなかったが、ちょうど薬師《やくし》如来《にょらい》の光背《こうはい》（仏像の背にあり、光明をあらわす）を作る材料として銅片があったので、それをその貧乏人にくれてやった。これをみた弟子たちが栄西を非難すると、かれは答えた。仏というものは、自分のからだや手足までも切りきざんで衆生《しゅじょう》（民衆）にほどこすものだ。如来を作る材料を人にやったために、地獄におちることがあっても、わたくしは悔いはない。衆生の飢を救うことのほうが大事だからだ。

たしかに、こういう一面が栄西にはあったと思う。しかし意地悪くみれば、この話とて多少とも芝居がかっているとみられないこともない。まだ未熟な弟子を教化するための計算された気転だと考えても、別におかしくはない。栄西はそういう意味では、すぐれた教師であったのであろう。それならば道元はそのような栄西に心服していたのかというと、おそらくそうではなかったと思う。かれは、弟子に向かってものをいうときは、栄西を一人のすぐれた教師として語ったかもしれないが、しかしひとたび自分自身の問題として考えるときは、栄西という存在は反面教師として映っていたにちがいない。

中国からの帰朝後、道元は「弁道話《べんどうわ》」を書いて、自己の「仏教本質論」を高らかに宣言するのであるが、そのなかでかれは、修行時代の自分をふりかえってこういっている。自分が「いささか臨済の家風」をきくことができたのは、栄西の高弟であった明全和尚《みょうぜん》のおかげであった、と。道元はこのとき、かれの記憶のなかから栄西の映像をしりぞけ、ともに入宋を果たすことのできた直接の師である明全を前面に押しだしている。道元は国際社会からの新帰朝者としての第一歩を踏みだすにあたって、栄西によって代表されるような禅風を否定しようと心ひそかに決意していたのだと思う。

道元はせっかく栄西に出会っても、以上にみたようなわけで、建仁寺にそのままとどまって栄西に師事するという道をえらばなかった。それ以後かれは諸寺を歴訪し、いろいろな師をみつけては自分の疑問をぶつけていったらしい。道を求めて悩み、文字どおり遍歴漂泊の旅にあけくれていたのであるが、ついに建保五年（一二一七）、このような試行錯誤の生活に終止符を打って、ふたたび建仁寺に入った。すでに二年前に栄西は世を去り、そのあとをついでさきの明全が建仁寺の住持となっていた。ときに明全三四歳、そして道元一八歳であった。

明全との邂逅

のちに道元は「弁道話」のなかで、わが国では栄西の高弟である明全和尚だけが「無上の仏法」を正しく伝えた出家であった、とても自分などその足元にもおよぶものではないといって讃えている。このとき道元は、明全というすぐれた師をえらぶことによって「禅」への全身的な傾倒を表明したのである。あるいは「禅」をえらびとることの決断をかためたとき、かれの眼前に明全の存在が自然に浮かびあがったのだといってもいい。それいらい、道元にとって日本仏教の伝統は、明全という唯一の師を除いてほとんどその積極的な意味を失ってしまうのである。師にたいする道元のこのように徹底した随順の姿勢は、同時代では、親鸞がその師法然にたいして示した帰依《きえ》の姿勢にだけ対比される。

建保五年、建仁寺の明全についた道元は、はじめから入宋の意志をかためていたと思われる。建仁寺には栄西いらいの宋代禅の気風がみなぎっていたし、日本の伝統的な仏教を批判するためにも、中国の新風を積極的にとり入れている場所が道元には必要であった。そして栄西の高足である明全こそは、このような新風を受けつぐ人物だったのである。若き道元の胸中には、師にたいする随順の気持ちと、仏法の源泉である中国への憧憬の念とが分かちがたく結びあっていたにちがいない。

承久の変

明全は戒律を徹底して守るという持戒主義者として知られていた。そのもとにあって道元はきびしい修行を続けたと思われるが、承久三年（一二二一）の五月になって、承久の変がおこった。後鳥羽上皇が、鎌倉幕府の執権であった北条義時追討の院宣を諸国に下したからである。義時は実朝暗殺の陰謀に手をかし、源氏の血統を根だやしにした張本人でもあった。また関東の地で、北条氏を中心とする武士政権がしだいに強大化していくことは、京都に本拠をかまえる王朝政権にとってそのまま放置することのできない重大な脅威であった。豪毅な性格の持ち主であった後鳥羽上皇が討幕の決意をかためたのも、そういう情勢を背景にしてのことであった。このクーデターは約一ケ月で鎮圧され、後鳥羽《ごとば》、順徳《じゅんとく》、土御門《つちみかど》の三上皇はそれぞれ隠岐《おき》と佐渡《さど》と土《と》佐《さ》に流された。

このとき親鸞は常陸《ひたち》にあって、関東の辺地から京都の貴族たちの政治行動を身を屈するようにしてみつめていた。一四年前の承元元年（一二〇七）、ときの天皇は土御門、上皇は後鳥羽であったが、このとき興福寺の僧徒たちによる攻撃が導火線となって、幕府は念仏禁止の挙に出た。親鸞は法然とともに流罪になったのである。かれは『教行信証』の末尾に、このときの弾圧事件にふれて、つぎのようにいっている。天皇も貴族も武士も、すべてが一体となって法にそむき、正義に反し、怒りや怨みを抱いている、と。やがて時代が一回転して、当時の上皇や天皇が、いま幕府の権力によって遠島の非運にみまわれている。かつては親鸞自身がこうむった屈辱と悲哀を、いまかれらがその身にひき受けているではないか。承久の変はかれの半生の辛苦にみちた歩みに、有為転変する歴史の無常を刻印したにちがいない。そして、現世の政治的世界に信頼できる何ものももはや残されていないとすれば、かれはこの事件を機に念仏者としての信念をますますかためていくほかはなかったであろう。

承久の乱の勃発と終息を、親鸞がはるか常陸の片田舎からみつめていたとき、二二歳になったばかりの道元は、京都の建仁寺で修行していた。幕府軍と朝廷軍とのはげしい戦いのざわめきと血なまぐさい匂いが身辺に立ちのぼってくるなかで、事態の推移を追っていたはずだ。宗教界も、鎌倉方、京都方というように二分され、それぞれの政治的庇護者の戦勝と敵対陣営の降伏を祈願していた。やがて朝廷軍は無残に敗北し、捕えられた者たちが処刑され、ついに三上皇の配流へと事件は急速に進展していく。若き出家者道元は、このときの政治の惨劇をいったいどのような想いでみつめていたのであろうか。愚劣な権力闘争として冷たく見おろしていたか。あるいは世俗社会の人間同士が演ずるはかないドラマとみて、悲哀の感情にひたっていたか。事件そのものをつきはなして、みずから政治の世界から超然としていたか、あるいは人間の欲望の根の深さに絶望し、自己の無力に傷つき涙していたのか。

いまここで、このときの道元の心中をおしはかることはむつかしい。しかし当時、建仁寺のおかれていた客観的な状況には微妙なものがあったらしい。第一に、建仁寺には、栄西が幕府と朝廷に接近して布教につとめたという実績があった。そのうえ建仁寺はもともと叡山や高野山のように世塵《せじん》を脱して山によった寺院ではなく、東山の地に建てられた平地の寺であった。建仁寺はその開創のはじめから、政治的勢力圏から超然としていたのではないのである。第二に、鎌倉の武士政権は、中国から日本に渡ってきた禅僧やかれらの説く禅の考え方に共鳴し、かれらの保護にのりだしていた。そして第三に、建仁寺の住職であった明全は、承久の乱後に上皇として迎えられた後高倉院に菩薩戒《ぼさつかい》（大乗仏教の戒）を授けている（『明全戒牒奥書《みょうぜんかいちょうおくがき》』による）。

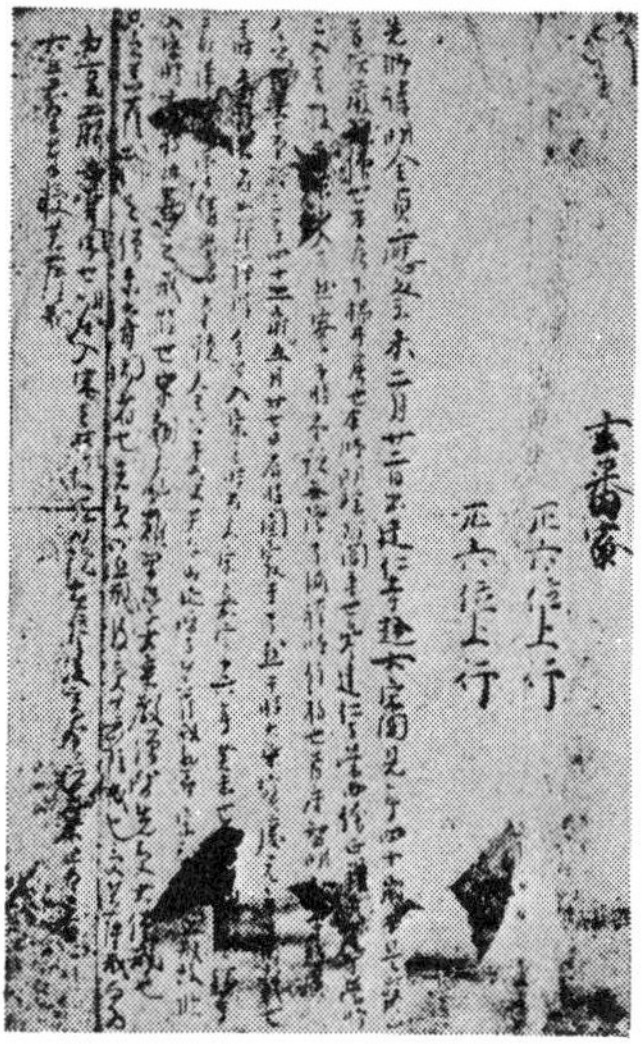

『明全戒牒奥書』（道元真筆）

以上によって、建仁寺の地位というものが、鎌倉と京都のいずれの側にも積極的に加担することを許さなかった事情がわかる。明全も道元も、いきおい、政治的な動きにたいしては慎重にならざるをえない立場におかれていたであろう。親鸞が承久の変によって強い衝撃を受けたのとくらべるとき、建仁寺における明全と道元の師弟は、それよりもはるかに距離をおいてこの事件をみていたのではないかと思われる。

中国渡航の計画

こうして、明全と道元とのあいだに、中国へ求法のために留学するという計画が自然に熟することになる。かれらはともに栄西の遺風をつぐ弟子たちである。承久の変以前の段階においても渡宋の希望がかれらにはあったはずだ。それが変を契機にして、しだいに強い意志の表明となってあらわれたにちがいない。動乱期の辺境地の日本から文化の中心地である中国へと、かれらの関心は大きなカーブを描いて移動していく。そしてそのやみがたい求法の志がかれらの関心の大きな円弧に真紅の血を通わせたのである。四九歳になっていた親鸞は、越後という辺地への強制的な流罪体験をへて常陸の田舎にうずくまっていた。かれはすでに、辛苦にみちた人生の流罪体験を終え、その痛苦のまなざしを自分の内部へと求心的に向けている。これにたいし道元は、海外の文明の中心地へ向かって自覚的な留学体験を試みようとして、翼を大きくはばたかせている。その気迫のはげしさにうながされて、師の明全もまた年来の願望を達しようと決意するにいたるのだ。

このときいらい、関東の念仏教団は幕府によって執拗に弾圧され、たえざる追求の脅威にさらされることになるのであるが、これにたいし禅の祖師たちは、新興階級の武士の倫理をきたえあげる指導者として手厚く遇せられることになるのだ。道元の入宋が、このような時代の転換期に実行されたことは、道元自身の主観的意図は別にしても、やはり注目すべきであろう。

承久の変のあとまもなく、道元は師の明全から戒律が完全に身にそなわったことを保証され（受戒）、仏法の正式の継承者とみなされた。ついで明全自身も、東大寺で戒を授けられたことを証明する文書（戒牒《かいちょう》）を手に入れるなどして、師弟は着々と入宋の準備をすすめていった。かれらが受戒や戒牒にそのように神経を使ったのは、当時の宋代の仏教界では、「戒」を受けているかいないかによって修行僧の資格に制限を加えたり、その待遇に差別を設けたりしていたからである。

ところが、いよいよ入宋のときと定めた貞応《じょうおう》二年（一二二三）になって、困ったことが生じた。明全の師である明融阿闍梨《みょうゆうあじゃり》が病《やまい》に伏し、死期が迫ったのである。明融は明全を枕元によんで事情を話し、しばらく入宋の計画を延期して、自分を看護し、死後の菩提《ぼだい》をとむらってからにしてほしい、と頼んだ。明全は弟子たちをよび集めて、ことの次第を告げた。幼少のころから、この師によって育てられ、学問を授けられたこと、しかし今回の自分たちの入宋求法の旅がきわめて意義のあることなどを話して、中国留学を決行すべきか、あるいは思いとどまるべきかを相談したのである。ほとんどの弟子たちは、入宋計画を翌年まで延ばすことを進言した。道元もことばをはさんで、現在のままで仏法の悟りというものに自信がおありになるのなら中止されるのがよかろう、といって延期の意見に傾いた。

最後になって、明全はしずかにいった。みんなの考えは、いずれも延期論である。だが、自分はそうではない。今度の計画をいくら中止しても、それによって死ぬときまった病人の命が助かるわけでもないし、またいくら看病しても病人の苦痛がやむわけでもない。ましてや看病したからといって、ただちに悟りの境地に入るというのでもないだろう。一時的な気やすめにしかすぎないのであるから、そういうことに心をわずらわせることは無駄である。

それにくらべて、入宋求法の志をないがしろにすれば、これはかならず罪業《ざいごう》の原因となるにちがいない。しかしもしもわたくしが入宋を果たして悟りの境地をえるならば、師の気持ちにはそむくことになるけれども、多くの人びとが仏道に出会う機縁を作ることになるのである。このような功徳《くどく》がほんとうにすぐれたものであるのなら、それによって師の恩にも報いることができる。また、たとい船が沈んで命を失うことがあっても、それは求法のための死であるから、来世においてこの志を遂げることができるであろう。中国からインドまで長途の求法の旅にのぼった玄奘三蔵《げんじょうさんぞう》のことを思うべきである。一人の人間の願いのために大事な時間をむなしく過ごすことは、仏の心にかなう道ではない。(『随聞記』第五)

よく知られているエピソードである。世間的なものの考え方と出世間的な覚悟との対照をあざやかに浮彫りにする話として、ながく語り伝えられてきたものである。道元はこのときの明全にたいして、心からなる尊敬の念を抱いたであろう。求法のためになら、たとい師の命にそむいても前にすすんでいかなければならないということを、師によってたたきこまれたのである。宗教的真理の追求のためには、仏をも殺し、祖をも殺す、という痛烈な否定の論理を、かれは、おそらくこのとき体得したはずだ。このあとに続く道元の一生の歩みを決定したという点で、このときの体験は重要である。大目標の達成のために、かれがいかにはげしい否定の精神をみなぎらせることになるかを、われわれはやがて知るであろう。

新天地・中国へ

出帆

貞応《じょうおう》二年（一二二三）二月二二日、道元は廓然《かくねん》、亮照《りょうしょう》とともに、師の明全に従って建仁寺をあとにする。さしあたっての目的地は北九州の博多、ときに道元は二四歳であった。ただ、明全と道元に従った廓然と亮照の素生についてはよくわからない。二人とも明全の弟子であるとする見方、あるいは道元の実家（久我家）に仕えていた者ではないかとする見方などがあるが、結局のところわからない。

ともかく一行四名は瀬戸内海を船で下って、三月中旬に博多の津に着いた。そして同月の下旬、かれらはあこがれの中国めざして商船に乗る。四月の上旬ごろには、明州慶元府《みんしゅうけいげんふ》に着岸しているのであるから、船は奄美大島の方面に南下して東シナ海を横断する南路をとったものと思われる。明州慶元府は揚子江のデルタ、すなわち杭州湾《こうしゅう》をはさんで上海の南方に位置しており、シナ五山の登り口にあたる。航路の日程は順調であったが、はげしい暴風雨に会い、道元は下痢に苦しめられた。かれは木の葉のようにゆれる船中で、栄西や重源が渡海するにさいして味わったであろう辛労を思いやっていたにちがいない。かれは船酔いに身を横たえながら、しだいにふくらんでくる期待に胸を熱くしていたであろう。

明全と別れて

船が慶元府に着いたのは、中国の嘉定《かてい》一六年(日本の貞応二年)四月であるが、そのあと、師の明全と弟子の道元はどういう理由からか行を共にしていない。明全の方はただちに上陸して明州の景福寺《けいふくじ》におもむき、ついで五月一三日には天童山《てんどうざん》に入った。天童山とは、正式にいえば太白山天童景徳禅寺といい、かつて栄西が訪れた寺である。このことは、道元の筆になる『舎利相伝記《しゃりそうでんき》』にでている。これにたいし道元の方は、なおしばらく船のなかに残留していたらしい。なぜならかれは、明全がすでに天童山に入っている五月に、船中で阿育王山《あいくおうざん》の老典座《てんぞ》(老いた食事係)と会って、後世に名高い問答をかわしているからである。それから約二ヶ月たった七月になって、道元はやっと天童山に入った。明州慶元府に着岸してから三ヶ月目のことである。このことを道元は『正法眼蔵』の「嗣書」の巻でもいい、『典座教訓』でもいっている。それならば、道元はなぜ師の明全といっしょに行動しなかったのであろうか。このことについてはいろいろな推測がなされている。たとえば天童山に入寺する手続きのためとか、宋代禅林の気風を観察研究するためとかいう理由があげられているが、しかしいずれもたしかな根拠があってのことではない。

いずれにしても、師の明全に三ヶ月もおくれて天童山に入った道元の行動に、わたくしは卒直にいって不自然なものを感ずる。かれはようやく三ケ月たってから天童山に入り、一時は師の明全と合流するのであるが、しかしその後の両人の動勢を追っていくと、のちにのべるように、かれらはやはり別々の行動をとっている。上陸後の師弟の関係の不自然さは、その後の両人の修行生活のうえにもなお微妙な影をおとしているようにわたくしには思われるのである。道元は、明全が天童山に入った日づけと、自分が入った日づけとのあいだに三ケ月の開きがあったと、はっきり記している。それにもかかわらずそれがいかなる理由によるものであるのかを、一言半句いっていない。

それはいったいどうしたわけか。明全はなぜ若い弟子の道元を船中にのこして、ひとり天童山にのぼってしまったのか。あるいは道元はなぜ船中にとどまったのか。問題は明全の方にあるのか、あるいは道元の方にあるのか。または、それはまったくの偶然であったにすぎないのか。

この疑問には、これからあと答えていくことにしよう。その前にここではひとまず、かれがまだ慶元府の船中にとどまっていたとき、阿育王山から降ってきた老典座と邂逅し、問答をかわしたときのことにふれておこう。

老典座と会う

嘉定一六年五月四日、一人の老僧が船にやってきた。きけば阿育王山の典座で、六一歳だという。翌日、山の修行僧たちにソバを食べさせなければならないが、そのダシ汁を作るためにシイタケを買いにきたのであるといって、恬淡《てんたん》としている。約二〇キロの道を歩いてきたが、シイタケを買ってすぐ帰るという。しかし、せっかく出会ったのだから、船中でお話を願えないか、と道元。いや、自分がいなければ明日の食事に支障をきたすから、それはダメだ、と老典座。だが道元も食いさがって、つぎつぎと問答を重ねていく。

「寺には、ほかに食事係がおられぬのか。」

「自分は年老いてこの職についたが、これすなわちモーロク爺の弁道《べんどう》（修行）である。どうして、他人にゆずれるか。」

「そのようなお年の身で、どうして坐禅にはげみ、古人の禅の公案や祖師たちの体験談をよもうとされぬのか。わずらわしい食事の世話に没頭して、いったい何の功徳があるのか。」

このとき、老典座は大笑して答えた。

「外国からきたお若いの、お前さんは、弁道の何たるかも知らず、文字の何たるかをも知っていない。」

道元は急所をつかれてことばを失い、思わず顔を赤らめた。

「しからば、文字とは何ですか、弁道とは何ですか。」

「質問をしているお前さんの足元さえしっかりしていれば、あんたはあんた自身なのさ。」

道元には、この老典座のいっている意味がわからなかった。わからなければ、あとから阿育王山へおいで、といったまま、老典座は立ち去った（『典座教訓』）。

道元はのちに、天童山で、そこにたまたまやってきた老典座と再会する。そして「文字」と「弁道」についての意味をきき、ようやく会得するにいたるのであるが、道元は上陸早々にして、中国禅の気風の一端にふれ強い刺激を受けたであろう。かれはこのときの体験を新鮮な驚きとして受けとったからこそ、それをのちのちまでよくおぼえていて、細かく描写しているのだ。

ところで、日本を発ったときの道元が、中国においてはまず坐禅を修し、そして公案《こうあん》(坐禅して考える試験問題)を学ぼうと思っていたことが、右の問答からうかがえるだろう。そのかれにたいして、弁道とは日常茶飯の生活そのものだということを、何の見ばえもしない老いぼれ僧が教えてくれたのである。このときの体験は、のちに道元が帰国して永平寺を開創したとき、その道場生活の規矩《きく》(規則)を定めるうえで大きな指針となった。

いってみれば道元は、天童山への登り口である慶元府にとどまっているとき、坐禅弁道そのものへの入口にすでにたどりついていたということができるかもしれない。それは天童山へ入門する準備段階として、きわめて象徴的な意味をもつ出来事であった。

道元のプロテスト

さて、さきにふれたように道元は同年七月になってやっと天童山にのぼったが、『建撕記』や『三祖行業記』などの伝記によると、入門早々の時期にめんどうなことが発生した。道元は辺境の地日本からやってきた新参者であるという理由から、かれの道場内の席次は末座にすえられた。かれはこの処遇に反発して、是正運動をおこした。天童山当局は会議を開いて検討したが、結局はかれの要求を入れなかった。道元は、意をけっして皇帝に上表文を書き、席次改正の直訴をした。皇帝は道元の抗議文をよんで感激し、勅許を下し、かれの願いを受けいれさせたというのである。

今日の歴史家は、この皇帝直訴の問題は史実にあらずといって否定している。わたくしもそう思う。道元が入宋早々に、皇帝に泣きつくような卑屈な権威主義におぼれたとは考えられないからである。それならば、この話はまったくの作りごとだったのだろうか。だがどうも、問題はそう簡単にはいかないようだ。そこには、道元の天童山入門が三ヶ月おくれたことともつながる事情がからんでいたのかもしれない。もうすこし問題の背後をさぐってみよう。

道元は、師の明全の略歴と修行の内容を記した『明全和尚戒牒奥書』のなかで、師の受戒経験がどのようなものであったかについて書いている。すなわち明全和尚は、延暦寺で「菩薩戒」を受けたが、このほかにさらに「比丘戒《びくかい》（＝具足戒《ぐそくかい》）」をも受けていた、と記しているのがそれである。後者の比丘戒は奈良の東大寺で受けたということになっている。明全がなぜ二種類もの戒を受けたのかというと、当時宋朝の仏教界では、具足戒の方が基本的なもので、僧の位階や序列はすべてそれによって定められていたからであるという。つまり比叡山で受けた菩薩戒はたんなる三等入場券でしかなかったのにたいし、東大寺で発行された具足戒は一等入場券であり、修行僧の身分を真に保証するものと考えられていたのである。

ところが道元自身はというと、師の明全から三等入場券の菩薩戒を受けたにとどまり、かれが具足戒を受けたとする史料はどこにも見いだせない。たんにそのような痕跡が見いだせないというだけではなく、じつは、如浄との問答を記した『宝慶記』のなかで、道元はこういっている。かならずしも比丘戒によらなくとも、菩薩戒だけで正しい仏法の伝統を受けつぐことができるのではないか、と。このことから、道元が具足戒の意義を積極的に認めていなかったらしいことがわかる。かれはすでに入宋の時点で、菩薩戒一本でいく決意をかためていたにちがいない。しかしそれにたいして、師の明全のほうは菩薩戒と具足戒の二種の証明書を所持し携行した。しかも、宋朝の待遇基準がそれによって異なるということまで明全が知っていたように、道元は記している。

もしもそうだとするならば、かれら二人のあいだでは、僧の受戒の問題について見解の相違があったとみるのが自然である。意見の対立について、道元はその著作のどこにもいっていないが、しかし、状況証拠はそのような対立の痕跡を濃厚に暗示している。もしかすると、このような事情が、明全と道元における天童山到着の時期のズレとなってあらわれたのではないであろうか。そして同じことは、天童山入門直後に生じたとされる僧席序列問題についてもいえるのではないか。皇帝直訴事件は虚構であるとしても、僧堂の席次のきめ方について、道元は大いなる不満をもっていたが、明全はこの問題について道元とは別の考えをもっていたとわたくしは思う。ほとんどすべての道元伝の資料が、道元による席次改正の問題にふれているにもかかわらず、そのときに、ある一定の役割を演じたであろう明全のことについて一切口をつぐんでいるのはむしろ不自然である。疑えばいくらでも疑える不透明な部分がそこにはある。おそらく道元がそのことを隠し、そしてかれの弟子たちもまた、そのような道元の態度を暗黙のうちに継承したのではなかろうか。

以上の推理には、もちろんたしかな証拠があるわけではない。だがしかし、かれらが入宋してから以後、やがて明全の死にいたるまでの道元の足跡を細かく追っていくと、右の推理がたんなる想像的な絵空事などではなく、しだいに不思議な現実味を帯びてわれわれに迫ってくるのがわかるであろう。

文字と弁道

嘉定一六年七月、道元が天童山に入ってまもなく、例の慶元府の船中で会見した老典座が訪ねてきた。阿育王山での夏安居《げあんご》（夏期の強化修行期間）が終わって、帰郷する途中に寄ったのだという。道元は感激して迎え、以前の会談で十分に納得できなかった質問をふたたびもちだした。すなわち「文字」とは何か、「弁道」とは何か、という問題である。

道元「文字とはいったい根元的にいって何であるか。」

老典座「一二三四五だ。」

道元「弁道とはいったい何か。」

老典座「世界にある一切のものは、そのままの姿で明々白々だ。」（『典座教訓』）

第一段の「文字」の問答は、文字とは何かの問いに「一二三四五」と答えているが、これは同時に「六七八九十」でも「三四五六七」でもよい。道元は「文字」の本質を問うたのだが、老典座は「文字」というものの現象的な形式をもって答えとした。道元の問いにたいして、このような答え方はたしかにずれている。本質的な追求のホコ先きをはぐらかして現象的な数字をもちだしたのは、「文字」という知識にたいする道元の執着を揶揄《やゆ》し、あざけるためであったと考えられるだろう。だが、すこし反省してみればわかることだが、「文字」のうちで「一二三四五」という数字ほど自然で、基本的で、そしてたしかなものがほかにあるだろうか。老典座は道元の若さにあふれた質問を巧みにかわしながら、根元的な急所をそれとなく暗示したのだということになるであろう。

第二段の「弁道」の問答も、これと同じように考えることができる。弁道とは何か、といってつめよる道元の姿勢には、たしかに主体的な情熱がみなぎっている。しかしそのような情熱には、同時に観念的なうわすべりとひとりよがりがひそんでいないだろうか。弁道とは何かといって意気ごむ道元にたいして、お前さんの眼前や周囲にひろがる世界は、じつにひろくて、そして光にみちあふれて美しくみえるではないか、と老典座はいっているのである。弁道というのは、お前さんひとりでやるんじゃない、この世にあるありとあらゆる森羅万象《しんらばんしょう》といっしょに手を組んでやるんだよ、といってさとしているのである。

道元は、このときかわした問答によって、はじめて文字と弁道の何たるかを了解したといっている。師の明全にもそのいきさつを報告して、ともに喜びあった。かれは『典座教訓』において、はっきりそういっている。中国の伝統ある僧堂のなかでのことである。何ごとにも敏感に反応する道元が、未知の世界にふれえたときの感動を思いきり師にぶつけているありさまが想像できる。だがその反面、この同じ道元の純粋で、ひたむきな心は、当時の宋代仏教の沈滞した状況にたいしてけっして盲目であることはできなかった。かれは、師の明全のようには、天童山にじっとこもって修行することができない。老典座によって、弁道の何たるかを了得したとしても、天童山にとどまったまま弁道に打ちこむ気にはなれなかった。かれの体内には若い精気がみなぎっており、また並はずれた自負心が横溢《おういつ》していた。かれの視線は師の明全の頭上をこえて、はるかかなたの世界に一途に注がれていた。

正師を求めて

道元は、嘉定一六年七月に天童山景徳寺に入門してから、一年あまりそこで過ごしている。その間には、例の老典座が修行していた阿育王山に詣っているから、かならずしも徹底した坐禅三昧《ざぜんざんまい》の生活にひたりきっていたわけではないが、しかしともかくも天童山にとどまっていた。だが嘉定一七年の冬ごろになって、かれはようやく一人で諸方の山に参詣する旅に出る。かれがこの諸山巡礼を決意したのは、天童山の住持をしていた無際了派《むさいりょうは》がこの年の秋に入寂《にゅうじゃく》（僧の死をいう）したからであった。あとからのべるように、道元はこの無際了派を尊敬していなかった。師として尊敬する気にはなれなかったが、しかし無際は自分が世話になっている道場の最高責任者である。新前の道元は思うような行動に出ることができなかったのであろう。

嘉定一七年の暮から翌年の宝慶元年にかけて諸山巡礼の旅にのぼった道元は、杭州《こうしゅう》の径山《けいざん》や平田《へいでん》の万年寺《まんねんじ》などを訪れて正師を求め続けるのであるが、しかしついに自分の納得がゆくような師に出会うことがない。かれは中国宋代の仏教界、とくに臨済系の現状にほとんど絶望しかかっていた。かれの前にあらわれる師たちはいずれも無際了派と大同小異であった。かつて胸に抱いた熱い期待はしぼみ、日本へ帰ろうという念すらきざしてきた。そこで、ひとまず天童山へもどろうとかれは思った。そこには師の明全もいる。ちょうどそのようなとき、道元は旅の途上で出会った僧から、如浄《にょじょう》という人物が天童山の新しい住持に就任したという報をきく。神のみぞ知る、道元の絶望が、輝かしい希望となってふくらむ不思議な機縁が、ここに熟すことになったのである。

宝慶元年五月一日、半年ぶりで天童山に帰着した道元は、はじめて如浄に相見した。それは道元という沙門《しゃもん》（僧）が新しく誕生した瞬間である。日本からやってきた青白い旅の求道僧が自己の古い殻を打ち破った日である。道元は文字どおり夢にまでみた正師とめぐり会ったのである。かれの生涯において、この日の感激にまさるような経験がほかにあったであろうか。そのような日は断じてなかった。道元は、はっきりそういっている。以後二年あまりのあいだ、道元は如浄のもとで一心不乱に坐禅弁道にはげむことになるであろう。

だが、運命は皮肉である。道元が如浄にはじめて相見した五月一日から数えてわずか四週間たらずして、それまでの直接の師であった明全が、天童山の了然寮《りょうねんりょう》で入寂した。道元が半年ぶりで天童山にもどってきたとき、明全はすでに病床に伏していたかもしれない。かれが如浄に邂逅して正師をえた感激に胸をふるわせているとき、明全はすでに自分の死期を悟っていたかもしれない。宝慶元年五月という年月は、こうして道元にとっては中国禅界に屹立《きつりつ》する正師・如浄の出現と、日本での求法修行いらいの恩師である明全の入寂という象徴的な二つの事件によって記念すべき日づけとなったのである。かれの胸中には複雑な想いがつぎつぎと去来していたであろう。

正師・如浄との邂逅

中国留学時代の三期

以上のべたことからもわかるように、入宋中の道元の足跡を追うためには、ほぼ三つの時期に区切るのがよいと思う。第一の時期は、天童山滞在から無際了派の死まで（嘉定一六年七月〜同一七年秋）。第二の時期は、諸山遊歴の時期（嘉定一七年冬〜宝慶元年四月）。そして第三の時期は、如浄との相見から明全の死をはさんで帰国まで（宝慶元年〜同三年秋）。すなわちこの三期の全体にわたって、道元は二四歳から二八歳までの春秋を送ったことになる。以下においては、この三期それぞれの道元の生活と行動をもうすこしくわしく追ってみることにしよう。その第一期において、道元は中国仏教界の現実認識を深め、しだいに批判的な精神をみがいていく。第二期においてかれは、中国において自己の目ざすべきテーマをはっきり自覚するようになる。そして第三期において、正師と正伝の仏法の何たるかに出会うのである。この三つのコースは、沙門道元が誕生するまでの試行錯誤の道程であったといってよいであろう。

宋朝禅の批判―第一期

道元が入宋したとき、中国の仏教界は隋唐時代の隆盛期を過ぎて、沈滞期に入っていた。だが、そのなかでは禅宗だけが、五家七宗といって各流派に分かれて繁栄していた。これらの各流派は時期的に交替しつつ栄えたのであるが、道元が入宋したときは臨済《りんざい》宗の流派が圧倒的な勢力をえていた。臨済宗が宋朝禅の代表格だったのであり、道元が入門した天童山をはじめとする五山もまた、臨済の気風が全山を覆《おお》っていたのである。

しかし当時の宋朝禅がこのように隆盛期にあったとはいっても、じつをいうとそれは表面上のことでしかなかった。社会的にみると、宋朝禅は宋の国家主義に迎合し、支配者たちの政治思想を代表する儒教とも妥協する道をえらんでいた。それはいきおい禅宗各教団の世俗化の傾向を促進したのである。また教理的にいうと、宋朝禅はそれ以前の仏教を発展させるのではなく、それをたんに継承し、くり返すだけに終始していたといってよい。そこにはすでに創造への活力は失われていた。禅思想の形式化という弊害が生じていたのである。

清新の意気に燃えて入宋を果たした道元が、このような宋代禅宗の現状をみて歎きそしてはげしくいきどおったのは想像にかたくない。『正法眼蔵』をはじめとしてその著作のいたるところで、当時の宋代における禅師たちをかれはきびしく非難し、罵倒《ばとう》している。たとえば、こういう大宋国の似非《えせ》（にせ）の禅者や長老たちは、おしなべて坐禅を知らぬ「外道天魔《げどうてんま》の流類《りゅうるい》（異端・邪教の徒）」であり、生かじりの「杜撰《ずさん》のともがら（無知無学のおそまつな連中）」であり、仏法をどこかにおき忘れた「臭皮袋《しゅうひたい》（生ぐさ野郎）」または「狂顚《きょうてん》（阿呆）」であるといって一蹴《いっしゅう》している。その語気のするどさ、多彩な用語を動員しての悪口のはげしさには無類のものがある。さすが、ことばの錬金術師・道元の面目が躍如としているといってよい。なかでも、道元の仮借ない批判の槍玉にあがったのが、当時の宋朝禅における二つの思想的な流派であった。すなわちその一は「教外別伝」派、その二が「教禅一致」派である。

「教外別伝」派というのは、真の仏法のはたらきは教理や観念や表現にあるのではない。そういうもの一切を否定した別の世界、すなわち以心伝心《いしんでんしん》こそが大事であるという。いわば禅門における肉体派であり、無原則派である。これにたいし「教禅一致」派というのは、道教、儒教、仏教の三つの教はその究極において一致するのだと説く。宗教と倫理に関する一種の総合説であるが、実質的には禅の真風をうすめて妥協の雑炊を作ろうとするものにすぎない。

道元は、当時の宋朝禅が右のような無原則的な肉体派と世俗的な理論派とに分かれて次元の低いセクト争いをくり返していることに怒り、そのような世界からどのようにして脱却するかを真剣に考えるようになった。かれが最初に旅装を解いた天童山とても、例外ではなかった。かれは天童山の住持の無際了派にも満足することができなかったのである。無際について道元は一言も批判がましいことをいっていないけれども、その門下にたいしては遠慮のない非難を浴びせているから、かれが本心では無際を許していなかったことがわかる。のみならず道元は、無際了派の始祖にあたる大恵宗杲《だいえそうごう》を、名利に弱い貪欲のかたまりだといってこきおろしているし、無際の直接の師である拙《せつ》庵徳光《たんとつこう》についても信頼をおいていなかった。

道元はこうして、天童山ではかれが理想とする正師に出会うことがなかったのである。かれの鬱《うっ》屈《くつ》した気持ちは、土瓦のような禅僧ばかりいる、活気のない世界を飛びだそうとして逸《はや》っていたにちがいない。そういうときに、無際了派が死んだのである。道元は誰はばかることなく、一人で天童山を出て、諸山の巡歴に旅立つことができた。ときに嘉定一七年の秋である。

嗣書を求めて—第二期

道元が遊歴の旅に出たのは、もちろん真の禅風を探索するためであった。真の禅風とは、歴史上の釈迦から真実の法を受けついだ代々の祖師が、後世につぎつぎと伝えてきた禅の正統のことである。最初の仏から次の仏へ、最初の祖から次の祖へと、つぎつぎと仏法は継承されていく。未熟な仏道修行者といえども、その修行によって悟りをえ、こうして仏となり祖となって、後世の者に真実の仏法を伝えていく。そして後世の弟子たちもそれをそのままに受けついでいく。このことを禅では「嗣法《しほう》」という。すなわち法を嗣（継）ぐことである。そしてこの法の継承を証明する文書が「嗣書《ししょ》」である。これを証明するものはもちろん直接の師である。つまりまず嗣法ということがあり、そしてそのことを証明する嗣書があって、はじめて釈迦いらいの悠久の仏法と出会う機縁が生ずるのである。嗣法のあるところ、そして嗣書の伝えられているところに、真の正師もまた存在するであろう。道元はそのように考えていた。だが残念ながら、天童山にはかれを満足させてくれるような嗣法も嗣書も存在しなかった。

こうして道元は、真実の嗣法と真実の嗣書に出会うために天童山をあとにしたのである。

道元が嗣法と嗣書にたいしていかに強い関心を寄せていたかは、『正法眼蔵』第三九巻の「嗣書」をみればよくわかる。たとえばそこで、かれは次のようにいっている。

仏仏かならず仏仏に嗣法し、祖祖かならず祖祖に嗣法する、これ証契なり、これ単伝なり。

仏道修行者から仏道修行者へと法が伝わっていくことを、仏仏から仏仏へ、祖祖から祖祖への嗣法であるといっている。それは時間的にみれば、あきらかに師から弟子への嗣法である。しかし仏道修行者は、最終的にはみな悟った仏になるのであるから、かれらはすべて仏であり祖であるわけだ。つまり法を伝えるとか、法を受けつぐとかいっても、伝える者と受けつぐ者は結局は悟った仏となるのだから、かれらはみんな仏であり祖である。仏と祖の集まりがそこにはあるだけである。こうして嗣法という問題を空間的に仏と祖の集合体としてみれば、そこには師と弟子がいるのではなくて、仏仏と祖祖が同じような形でならんでいるだけである。だからもしも師から弟子へというようにつながっていく世界を時間的なユートピアの世界であるとすれば、仏仏と祖祖が集まりならんでいる世界は空間的なユートピアであるということになる。

さきにもふれたが「嗣書」という証明書を師が弟子にあたえるのは、その弟子がこんどは「仏」

となるのを認めるということである。弟子としての仏道修行者は「嗣書」の証明によってはじめて空間的なユートピアに、仏として祖として仲間入りすることになるわけだ。すくなくとも道元はそう考えていたのである。道元が真の嗣法と嗣書を求めて旅立ったのも、その真意はこのようなところにあったというべきだ。ただ問題は、そのような嗣書を自分にあたえてくれる真の正師＝仏がいったいどこにいるのか、ということであった。

嗣法ということを自分でほんとうに体験するためには、仏道の多くの先輩たちがのこしてくれた由緒正しい嗣書がどういうものであるかを自分の眼で実際にたしかめてみることが必要である、と道元は考えた。かれの嗣書探しは、じつは天童山に落ち着いた年からすでにはじまっていた。この年かれは、隆禅《りゅうぜん》という日本僧の紹介によって、竜門仏眼派《りゅうもんぶつげんは》（臨済宗の一派）に伝えられた嗣書をみている。その書式は、まず過去七仏から臨済義玄までの四五祖の名を連ねて書き、臨済からあとの祖師たちの名は円形を作るようにして書き、新しく嗣法したものの名前は最後の年月日を記した下のところに書かれていたという。

弱い師をのりこえて

その翌年の正月になって、道元はこんどは天童山住持の無際了派が所持する嗣書をみる機会にめぐまれた。かれは天童山の寺務監督の要職（都寺《つうす》）にあった師広《しこう》と親交を結び、了派に伝えられた嗣書をみせてくれるよう熱心に相談していたからである。道元は、師広からそれをみる可能性のあることを知らされたとき、昼夜をおかずそのことが心から離れなかったといっている。嗣書の文字は白絹で表具されたものに書かれ、表紙は赤錦、軸は玉で、長さ九寸、広さ七尺あまりであった。道元はただちに無際了派のもとに参じて、焼香し礼拝したのである。そのときの自分のことを記して、「喜感」に躍りあがらんばかりであった、といっている。

道元が、これほどに嗣書の閲覧に心を奪われたのは、仏祖の世界というものをたしかめるためであったが、具体的には、それによってかれのいう「正師」をえようとするためであった。正統の師をえて、嗣法し、そのことを認める嗣書のなかに一仏祖として自分の名前を書き入れることであった。そのためには正師のみちびきが絶対に必要である。

しかし道元は、さきにものべたように、その正師の本来の姿を無際了派のなかに見いだすことができなかった。

かれが天童山をあとにして巡礼の旅にでたのは嘉定一七年の冬であるが、翌年の春に、平田の万年寺で元鼒《げんし》和尚に会い、かれの所持する嗣書をみせてもらった。道元は「感涙袖《かんるいそで》をうるおす」といって、このときの感激を記している。そこで元鼒は、このような道元に嗣法の許可をほのめかしたのであるが、道元はただ焼香礼拝するだけで和尚の好意を断った。かれはこのときもまた、和尚のなかに、正師を見いだすことができなかったのである。

道元の前には、いまだ「正師」はあらわれていない。かれの嗣書めぐりはさらにこのあとも続けられていくのであるが、嗣書をみせてくれるもろもろの師に向かって、かれはただ無言で焼香し、礼拝し、そして通りすぎていった。嗣法をえたと称し、嗣書を持っていると主張する師たちは、かれの前にただ影のごとくあらわれ、そして消えていくだけである。かれらはいかにも弱々しい師たちであった。かれがそこにみたものは、嗣書をつつんでいる錦の表紙や玉の軸、および嗣書の書式といった形式的なものばかりであった。かれは嗣書と嗣書の伝持者に出会えば出会うほど、正師がどこにも存在しないことに絶望せざるをえなかった。嗣書の本質は、こうしていまだ謎につつまれていたのである。

だがそのようなかれに、やがて転機が訪れる。

如浄との相見―第三期

諸山の巡歴と嗣書の探索の旅にでてから約半年がたっていたが、道元の心は晴れなかった。正師をまのあたりに拝することができなかったからである。『建撕記』によれば、このときかれには「帰郷の念」すらが生じたという。祖国を出てからすでに二年が過ぎた。望郷の想いにとらえられたのも無理はない。だがそのようなとき、かれはたまたま老璡《ろうしん》という僧から、如浄という和尚が天童山の住持になったということをきかされた。道元は心をひるがえして、天童山にのぼったのである。

天童如浄画像（東京 岡崎氏蔵）

ときに宝慶元年（一二二五）五月一日、二六歳の道元ははじめて六三歳の如浄に相見する。このとき如浄は入寂の三年前にあたり、人格・識見ともに円熟の境にたっしていたであろう。如浄は、無際了派が臨済宗の一派に所属していたのにたいし、もう一つの曹洞宗《そうとうしゅう》の法系を受けついでいた。その修行の峻烈をきわめることは類を絶し、その孤高の気風は四隣に鳴りひびいていた。やがて清涼寺《せいりょうじ》や瑞巌寺《ずいがんじ》などの名刹《めいさつ》の住持を歴任し、宝慶元年には勅令によって天童山に住した。そのころ、無際了派などの臨済系の大恵派《だいえは》がもっぱら貴族化、官僚化の弊風に染まっていたのにたいし、如浄は脱俗と坐禅を重視する禅の古風を宣揚し、その名利を超越する宗風は特異なものとして注目されていた。

『宝慶記』という資料は、道元が如浄に質問し、それにたいして如浄が答えた対話を集めたものであるが、それによると、道元は如浄に相見するのにさきだって、あらかじめ書簡を提出している。すなわち、発心《ほっしん》してから入宋するまでにいかなる求法《ぐほう》の旅をしてきたかをのべ、覚悟のほどを示しているのである。そのなかでかれは、こういうことをいっている。

無常の風はいつわたくしを襲ってくるかわかりません。またわたくしの生と死にも、いつ何がおこるかわかりません。時間はわれわれの都合にはおかまいなく過ぎていきます。だから、すぐれた人のもとを去るようなことがあれば、わたくしはかならず後悔するでしょう。

大禅師よ、この道元が仏法の質問をするのにたいしてどうかお答えください。

これにたいする如浄の答えは、つぎのようなものであった。

お前は昼であろうと夜であろうとわたくしに質問することができる。正装をしていても、略装をしていてもさしつかえない。わたくしは父親のような気持ちで、お前に接しよう。

如浄は道元の本質を見抜き、そして機縁が熟したのである。ひたすら求め続けてきた正師との邂逅がいよいよ実現するであろうことを、道元は直観したにちがいない。かれはこのときの出会いの体験を、感動をこめて書きとどめている。『正法眼蔵』第五一「面授《めんじゅ》」の冒頭に記されている場面がそれだ。「面授」とは正師と道元との相見・邂逅のことである。

大宋宝慶元年乙酉五月一日、道元はじめて先師天童古仏を妙高台に焼香礼拝す、先師古仏はじめて道元を見る。

妙高台とは如浄が住む大方丈《だいほうじょう》のこと。全身を緊張させた子供のような道元が、きびしい父親のごとき大和尚の前にでて、うやうやしく焼香し礼拝している。ここではとくに、「先師古仏はじめて道元を見る」と記されている表現に注意しよう。如浄が、はじめて道元を「見る」といっている。道元が古仏を「見る」のではない。あくまでも古仏が道元を「見る」のであって、道元は古仏にたいしては焼香し、礼拝するだけである。

面授の意味

道元は、同じこの「面授」の巻のなかで、「世尊《せそん》の面授を面授する」とか、「如来《にょらい》の面目を面授する」とかいう表現を好んでもちいている。それは世尊（釈迦）との出会い、如来（仏）との邂逅《かいこう》という出来事を、そのままのこととして受けとる、礼拝し、そのままのこととして受けとる、ということだ。だから、「世尊」や「如来」という存在だけが「法」の立場からするどく凝視している主体なのであって、その「法」を受けつぐべき道元の側に如来や世尊を「見る」という主体があるのではない。古仏が道元を見るのであって、道元が古仏を見るのではない。道元は正師から法を受けつぐ者として、その正師に焼香し、礼拝するだけである。そこには、敬虔《けいけん》で、美しい絶対随順の姿だけがあるであろう。

如浄もまた、道元のこのような真率な態度をまのあたりにみて、その人間の凡庸でないことをみとおした。かれは道元との出会いを、すぐれた祖師たちが経験した決定的な出会いの感激の場面と比較しているのである。

だが、道元がその正師との決定的な邂逅をやっと果たすことができたとき、日本出国いらいの師であった明全の命は燃えつきようとしていた。道元が天童山にもどって如浄に相見したのが五月一日、そしてそれからまもなくして同じ月の一八日に、明全は天童山の了然寮で入滅したのである。

運命の皮肉は、二人の人生の明暗をくっきり分けるような、鮮やかな劇的演出をする。

明全の死

道元が天童山を出て嗣書探索の巡礼に出かけているとき、明全はしだいに衰えていく身心に疲れ、苦しみ、床に臥《ふ》していたであろう。そしてかれが半歳ぶりにやっと帰山したとき、明全はほとんど自分の死期を察するほどに衰弱しきっていたであろう。道元はそのことにふれていない。かれがその確実な文書に記している唯一のことは、このときかれが正師に邂逅したということと、その出会いにおいて経験した自分の感動のはげしさについてである。明全のさびしい死と、道元の心の躍動、という二つの対照がはっきりとそこにはみられる。

もちろん、明全がいよいよ死に近づいていく二週間ほどのあいだ、道元は献身的な看病にあたったであろう。求法の志に燃えて、ともに日本を発った仲である。しかも明全は、日本における道元の最初の師らしい師であった。だが、道元の看護は、いまは古い師にたいする惜別の行為でしかない。かれはそのことを入宋の当初から予感していなかったか。いつの日か、明全をのりこえていく自分の運命を予感したことはなかったであろうか。

明全の死は、志なかばにして異国の地に斃《たお》れるといった意味でさびしいものであったが、しかし道元にとっては、それは奇しくも、古い父の死と新しい父の発見という決定的な瞬間を象徴するものであった。道元は入宋いらい、辛抱強く正師を探し続けてきた。その願望はどこか、まだみたこともないような、強くて威厳のある「父」を探しあてるためにさまよっている、ひたむきな子供の情熱に似ていた。そして、この道元によるながい「父」探しの旅は、明全の死と如浄との出会いによってようやくその終結を迎えようとしていたのである。

おもえば、道元の「父」探しの旅は、同時に弱い父たちを否定していく道程でもあったといえる。比叡山での修行を絶って下山した前後のころ、日本の師たちがすべて「土瓦」のように劣っていた、とかれが書いたことについてはすでにふれた。またかれの三五歳ごろの著作といわれている『学道用心集《がくどうようじんしゅう》』によれば、わが国には、昔から「正師」があったためしがない、と断定的にいいきっている。わが国の師僧たちが弟子のために教えたことばはすべて生半可《なまはんか》で、未熟であり、かれら自身仏道の高い境地にたっしていないときめつけているのである。

自分の国の祖師や先達にたいして、これほどに拒否的な態度を表明したものが、わが国の宗教史上にほかにいたであろうか。かれが日本の仏教者にふれるのは、栄西や明全などのほんのわずかな例外を除けば皆無であるといってよい。これはかれと同時代の親鸞や日蓮とくらべても、ほとんど信じがたいほどの対照的な特徴といっていいであろう。

そして、ことは日本国のみにとどまらない。道元の『正法眼蔵』をよみすすむとき、かれはまさに快刀乱麻《かいとうらんま》を断つ勢いで、宋代禅僧のあれこれを批判し、攻撃し、そしてじつに強いことばで否定していくのだ。もちろんそこに、道元が尊敬し、高く評価するいく人かの禅僧がいないのではない。しかし、心から信服する肯定のことばにおいてよりも、相手の弱点をついてやまぬ否定のことばにおいて、道元のするどい筆鋒は冴えわたっているといっていいだろう。

こうして道元は日本から中国への求道の旅のなかで、かれの行く手にあらわれる先師たちをつぎつぎと否定していったのであるが、それは如浄の出現によって大きな方向転換を遂げることになった。いまやかれは、自己の全人格を託すにたる永遠の超自我に遭遇することができたのである。先行する仏々祖々を殺すことによって、仏々祖々の真の系譜にたどりつくことができたのだといえようか。このとき以後かれは、日本いらいの師であった明全を過去形において語り、如浄をつねに現在形において語るようになるであろう。そしてまた、日本の仏教を過去形において語り、天竺《てんじく》―シナの仏教を現在形において語りだすのである。とするならば、入宋したばかりの道元は、天竺―シナの仏祖の理想世界にたいして、自己というただ一つの裸身をもって立ち向かっていたということになる。

修行への没頭

道元はこうして、如浄の峻厳な指導のもとに修行生活に入ることになった。夜は二更《にこう》の三点（一一時ごろ）まで坐禅し、暁方《あけがた》は四更《しこう》の二点・三点（午前二時半〜三時ごろ）には起きて坐禅にはげむという生活がはじまった。坐禅中に居眠りするものがあると、如浄は拳《こぶし》や靴をもって打ち、また鐘を打って意識を覚醒《かくせい》させた。

だが如浄のきびしい指導は、同時に慈父のごとき暖かいおもいやりに裏打ちされていた。『随聞記』第一によれば、如浄はある上堂説法のおりに弟子たちをさとして、こういったという。

わたしは、諸君を指導し、道を授けるためにこの寺の住持となった。だから諸君に倦怠《けんたい》のあるときはことばで叱り、またある場合は竹の鞭《むち》で打つ。しかしこれはわたしがするのではない。わたしが仏になりかわってする行為である。どうか同じ仏弟子である諸君は、わたしのこのような行為を慈悲《じひ》をもって許していただきたい。

これをきいて、なみいる修行僧はみな涙を流し、師のことばを素直に受け入れた。如浄の誠実がかれらの心を打ったのである。かれらは如浄にはげしく打たれ叱られることをもってむしろ嬉びとするようになったという。

道元も如浄の訓戒に全身で応えた。民族を異にする師弟のあいだに、一瞬のゆるみもみせぬ気迫がみなぎり、情熱の火花が散った。道元は、たとい発病して死ぬことがあっても、それはむしろ自分の本望であると思い、酷暑や酷寒の時節でも、昼夜をわかたず坐禅に没頭したといっている。かれがそのようにして自分を鞭打ったのは、むろん求道への至純の志があったからであるが、しかしそれ以上に、正師であると同時に厳父でもある如浄が、そこに、かれのすぐそばにゆるぎなく存在していたからである。

如浄の門に入ってからまもなくして、道元は天童山にあって如浄の信任をえていた環渓惟一《かんけいいいいち》のもっていた嗣書をみる機会があった。それは禅宗では早くに衰えてしまった法眼宗に属する嗣書であったが、このとき道元は、如浄から正伝の仏法を相承しようという決意をかためたと思われる。なぜならこの嗣書をみた道元は胸の高鳴るのをおぼえ、このときのことをつぎのようにいっているからである。

正嫡の正嫡に嗣法あることを決定信受す。未曾見《みぞうけん》の法なり。仏祖の冥感《めいかん》して児孫《じそん》を護持する時節なり、感激不勝なり。

（「嗣書」の巻）

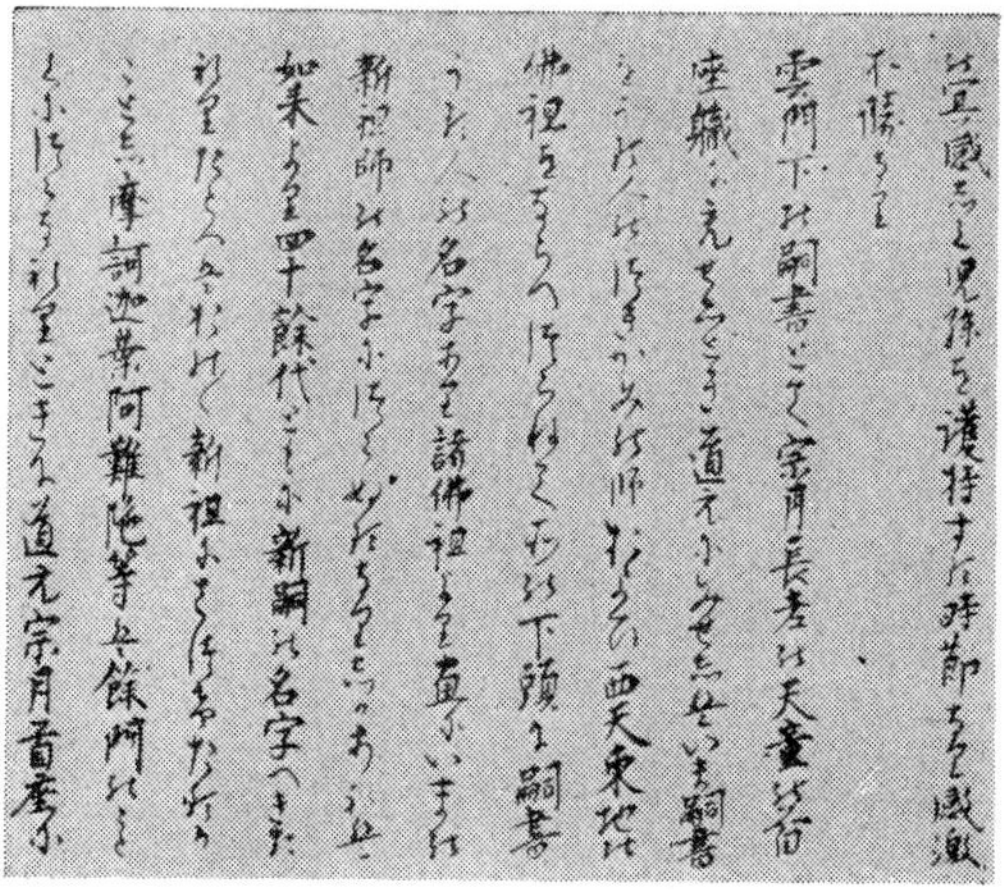

「嗣　書」（道元真筆）

わたしは、正師から正師へと真の仏法が受けつがれていくことを、これによって信ずることができた。いまや「仏祖」は人知れず感応して、法に連なるわたしのごとき子孫を護持してくださる、そういう時節にわたしはいま邂逅しているのだ、ああ、感激にたえないではないか、とかれはいっている。道元の嗣書探索の旅は、ようやくにして終着駅に着こうとしていたのである。

身心脱落

宝慶元年九月の、ある日の早暁のことであった。如浄は、僧堂で坐禅をしたまま居睡《いねむ》りをしている一禅僧をはげしく責めて、大喝《たいかつ》した。たまたまそのかたわらに坐っていた道元は、このとき、身心に透明な脱落感をえた。如浄のことばが道元の全身をつらぬき、突如として道元の意識は、柔かく、軽やかになった。この世のものとも思われない時間と空間のなかにただよっている自分を、かれは発見する。そしていつのまにか、自分が諸仏とともに交わり、歓びあい、それらの諸仏と連なって坐っているような、そういう夢幻《むげん》の境にいることに気づく。すなわち「唯仏与仏《ゆいぶつよぶつ》」の世界である。われもまた仏として無数の仏とともに在る、ということだ。

それはまさしく、如浄のつねひごろたえまなく説いていた「身心脱落」の境地である、とかれはこのとき直感したのである。ときに道元は二六歳であった。

かれは早速、如浄の方丈《ほうじょう》にのぼって焼香礼拝し、いましがたえた経験を、「わたしの身心は脱落しました」というように表現して報告した。如浄はその体験内容の偽《いつわ》りでないことを直覚して、こう答えた。

「身心脱落、脱落身心」

と。坐禅の究極の姿においては、われわれの身心はそのままのあり方においてすでに身心であることから離脱している、すなわち脱落している。「身心」とはつまるところ「脱落」以外の何物でもないのだ。

道元がみずからの「身心脱落」によって覚醒した日からまもなくして、師の如浄はこの弟子にたいして戒を授ける儀式をおこなった。宝慶元年九月一八日のことである。仏祖（釈迦）から正式に伝えられてきた理想的修行僧としての資格、すなわち「仏祖《ぶっそ》正伝菩薩戒脈《しょうでんぼさつかいみゃく》」が授けられたのである。道元の「身心脱落」体験が正式に認められたのである。釈迦から伝えられてきた「戒脈」が諸仏諸祖の身心を経由して道元のからだに流入した。

しかしそれはまだ、嗣法ということの完成ではなかった。如浄の法を道元が正式に受けつぐためには、戒脈を受けたこのときからさらに三年のあいだ如浄のもとで修行を続けなければならなかったからである。その意味では「伝戒」の儀式は「嗣法」にいたるための重要な一段階であったといってよいだろう。道元はこれ以後如浄からの嗣法を求めてきびしい修行に耐えていかなければならない。

『正法眼蔵』の「諸法実相《しょほうじっそう》」の巻には、そのころの天童山僧堂における修行体験の一コマが生き生きと描かれている。

宝慶二年（一二二六）春三月のころであった。

深夜も過ぎた午前三時ごろ、太鼓の合図がきこえ、わたしは立ちあがった。坐具《ざぐ》をとり、袈裟《けさ》をかけて、法堂《はっとう》の上に出る。いくつかの階段をのぼり、香台の前に行って焼香・礼拝をした。如浄大和尚の方丈（妙高台）をあおぎみると、簾《のれん》がさがったままで、あたりには人気がない。

やがて妙高台の内から大和尚の説法の声がきこえてきた。ひそかにその内部をうかがうと、たくさんの僧衆がつめかけて部屋があふれんばかりである。わたしもそのうしろのほうに立って拝聴した。荷《はす》の葉を衣とし、松を食べて修行したという法常《ほうじょう》禅師の事蹟が話されると、多くの僧が涙を流した。釈迦の安居《あんご》（両期・修行）のことが語りだされたときにも、聴くものたちは至純の涙を流した。それをみて、大和尚はこういわれた。

天童山の安居も間近い。いまは春で、寒くも暑くもない。坐禅にはよい時節である。みなのもの、坐禅にはげまれよ。

そのあとで、「入室せよ」といわれたので、大和尚の部屋に入った。そのとき大和尚は、「杜鵑啼《とけんな》いて山竹裂く」とだけいわれた。

以上によって、天童山における深夜の入室作法がどのようなものであったかがわかる。そこには、克己と緊張と感動にみたされた充実した時間があったであろう。だれかが師の部屋に入り、そして師が語っているとき、ほかの僧たちもそれをきいている。入室するものは一人でも、それをみて、師の説法をきいているのは多くの僧衆である。個人指導と集団指導がここでは渾然一体《こんぜんいったい》となっている。

道元がこのとききいた入室語は「杜鵑啼いて山竹裂く」ということばであった。ほととぎすが鳴いて、山の竹が裂けた、というのだ。ほととぎすが鳴いたから、山の竹が裂けたというのではない。かといって、ほととぎすが鳴くのと同時に、山の竹が裂けたというのでもないだろう。それはあくまでも、ほととぎすが鳴き、山の竹が裂けた、というまでのことだ。そこには、大宇宙のリズムが、自然に、力強く脈打っている。杜鵑と山竹が美しくこだましあい、「鳴」と「裂」がするどくひびきあっている。それは、いってみれば自然の純粋な姿だ。そしてただ至純の心だけが、その至純の姿を見て、聴いている。

如浄は、修行中の道元をみて「器量人《きりようじん》（大人物）」であるといって評価したという（『随聞記』第六）。かれは道元を自分の侍者にしようとしたが、道元は謙虚に辞退した。師と弟子の心の交流は、ことばや民族の違いをこえて、しずかに、そして確実に深まっていったのである。

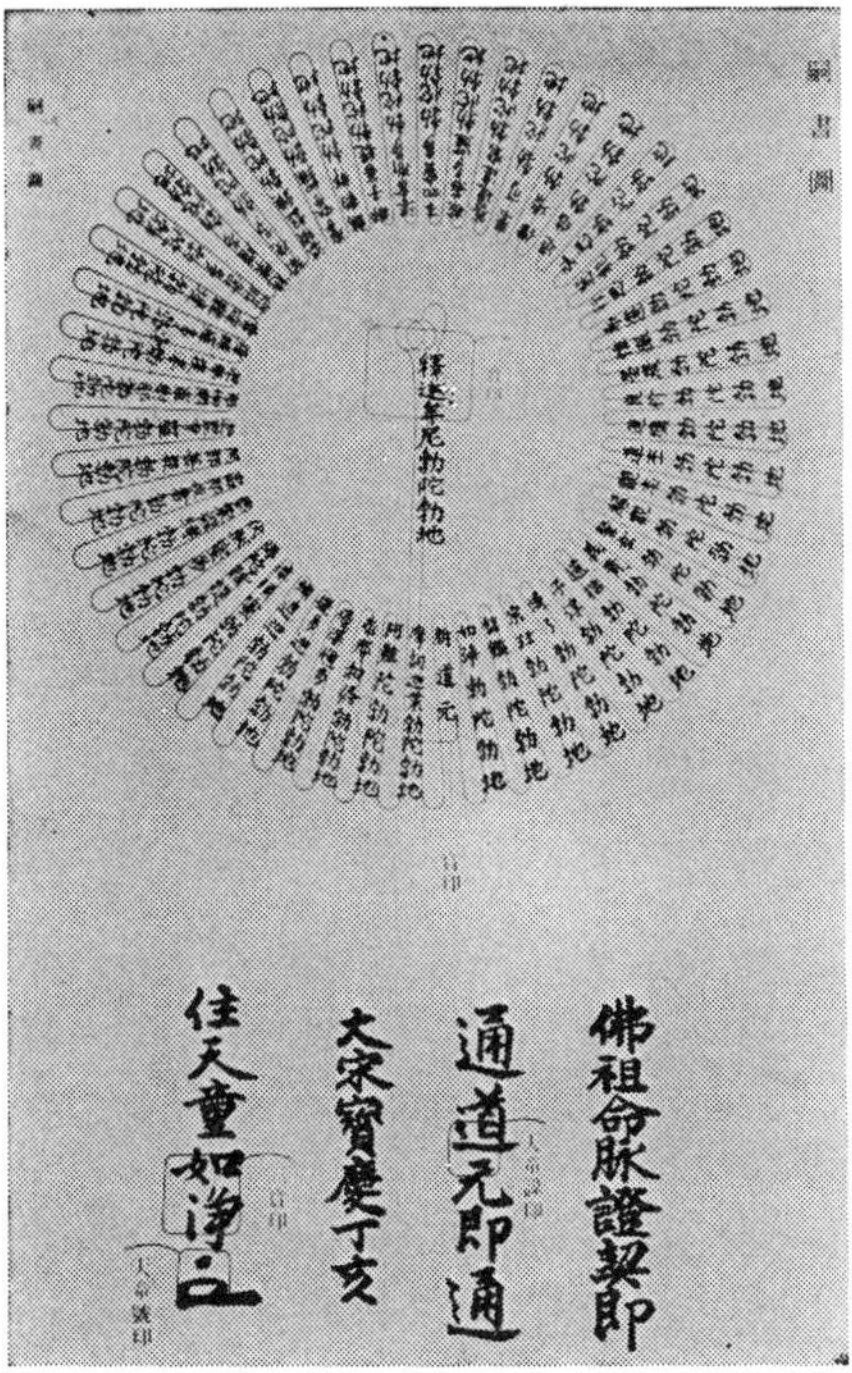

嗣書図

さきにものべたように、戒脈を受けてから約三年のあいだ、道元はなお宋国にとどまっていたが、宝慶三年（一二二七）の秋、ついにかれは如浄から念願の嗣書を相承することになる。ようやくにして二八歳であった。この嗣書の原本は永平寺に伝わっているが、道元が如浄を通じて釈迦牟尼仏いらいの仏祖の命脈を受けついだことを証明する図が、そこには描かれている。これで道元は正式に如浄の法をつぐ、正真の弟子となったのである。

おもえば、入宋後の四年間は、血気に逸る青年僧が沙門《しゃもん》道元として主体性を獲得するまでの、試錬の期間であったということができる。その間に、父母に死に別れていた求道の若者は、運命の糸にあやつられるかのように、つぎつぎと師を否定していったが、ついに一人の強い古仏すなわち父にめぐり会って自己の安定をうることができた。弱い父をつぎつぎと殺していく狂気の精神が、ついに絶対の父にめぐり会うまでの切迫した心理劇を、それはわたくしに想いださせる。とするならば、そのような精神の軌跡は、母性愛慕による父殺しのテーマをあらわしているのではなく、むしろ、父性思慕にもとづく父探しのテーマに深く根ざしているということができるであろう。

この場合、「殺される」のは一般的な父性ではなくて、弱い父でなければならない。道元の人生観のなかに母性的なものへの志向とか母胎回帰への衝動とかいうものがまったくみられないのも、おそらくはそのためであろうと思われる。

故国へ

嗣書相承のあと、道元は成すべきことを成し終わったあとの爽快な気分にみたされて、明州の港を出帆する。おそらく西南モンスーンを利用する商船に乗りくんだものと思われ、もしそうだとするならば、出帆は八月ごろであったろうか。ときに宋国の宝慶三年、そしてわが嘉禄《かろく》三年の秋のことである。

帰国の船中にあって、道元ははたして何を考え何を想っていたか。すくなくともこのとき、道元は二人の師の記憶に引きよせられ、胸をしめつけられていたにちがいない。その一つは明全の記憶である。かれの導きの師であると同時に、すでにかれによってのりこえられようとしている師、そしてその師の死の記憶である。道元はこの師の遺骨をたずさえて、浪立つ海をこえて故国に帰ろうとしている。その二はいうまでもなく如浄の記憶である。それは明全のそれよりもはるかに生々しい記憶である。道元は如浄との永遠の別れにあたって、生涯のいましめのことばをあたえられていた。

城邑《じょうゆう》や聚落《じゅらく》に住することなかれ、国王や大臣に近づくことなかれ、ただ深山幽谷《しんざんゆうこく》に居住して、求道の者を教化せよ。

というのがそれである。このことばは、道元の後半生を決定的に方向づけるであろう。道元はこの如浄のことばによって真に生きることになる。

入宋求法僧の道元は、こうして一箇独立の沙門道元となるであろう。

『建撕記』によれば、船は無事に肥後の川尻《かわじり》に着岸したという。かれは北上して筑紫《つくし》の太宰府《だざいふ》におもむき、帰朝の手続きをすましてから、京都に向かった。

Ⅱ　真理と人間の探究

——創造の時代——

坐禅のすすめ

宗教界の動向

道元が帰国したとき、鎌倉では北条泰時が執権になってから三年がたっており、幕府の新体制がしだいにかためられつつあった。承久の変後の権力闘争の余燼《よじん》がときにくすぶることもあり、またあいつぐ天変地異がおこって社会情勢はかならずしも平穏ではなかったが、執権政治は泰時のすぐれた指導力によって安定期に入りつつあった。

しかし京都を中心とする宗教界は、無気味な鳴動が続いていた。高野山《こうやさん》と吉野の金峰山の衆徒が争いにあけくれていたのに続き、道元が帰国した安貞元年（一二二七）には、多武峰《とうのみね》の衆徒と興福寺の衆徒とが殺しあいと焼打ちをくり返していた。そしてこの年、延暦寺の当局は専修念仏《せんじゆねんぶつ》を停止することを朝廷に訴え、六月には三塔の会議を開いて武装蜂起し、法然を葬っていた大谷の墳墓を破壊する挙に出たのである。いらい念仏者への迫害ははげしさを加え、法然門下の隆寛《りゆうかん》・空阿《くうあ》・幸《こう》西《さい》などの逸材が流罪に処せられたが、このとき常陸にあった親鸞はようやく『教行信証』を書きあげたところであった。

道元は、このように物情騒然とするなかを、九月になって京都へ入った。かれが最初に足をとどめたのは、栄西・明全にゆかりの深い建仁寺であった。かれは栄西の墳墓に詣で、恩師明全の遺骨をその墓前にささげて、帰国の報告をしたことであろう。

普勧坐禅儀の制作

帰国後の道元がまずはじめにしなければならなかった仕事は、いうまでもなく自己の宗教の立場をあきらかにすることであった。入宋体験を血肉化する文書を作成することである。こうして如浄との盟約を、身心の鍛錬によって実現するための『普勧坐禅儀』が作られたのである。『普勧坐禅儀』とは、人びとにあまねく坐禅のみをすすめる文書、の意味である。

坐禅の姿（永平寺）

前段は、真実の仏法のありかたを強く簡潔なことばで要約し、菩提樹下《ぼだいじゅ》で悟りをうるまで六年間にわたって端坐した釈迦の修行、および少林寺《しょうりんじ》で九年間壁に向かって坐った達磨《だるま》の修行に説きおよんでいる。

本論の部分では、坐禅の作法をのべている。静かな部屋をえらび、節度を守った飲食をとり、一切の雑念をとどめて坐る。坐禅の方式には二種があり、「結跏趺坐《けっかふざ》」が本式、「半跏趺坐《はんかふざ》」が略式である。結跏趺坐は、右の足を左のもものうえにおき、左の足を右のももの上におく。半跏趺坐は、ただ左の足を右のもものうえにおくだけでよい。両手は右手を左足のうえにおき、左の掌を右の掌のうえに重ねる。姿勢を正し、耳と肩、鼻と臍《へそ》が垂直線上にあるようにする。口をしめ、目をあけ、そして鼻から静かに、深く呼吸する。

後段は、坐禅が唯一絶対の安楽の法門であり、真実の道の追求（弁道）であることを説き、修行（修）と悟り（証）とが自己の身心にあらわれるようにするための大道であることを主張している。

道元は、この『普勧坐禅儀』を執筆することによって、仏教の本質が、只管打坐《しかんたざ》、すなわちただひたすら徹底的に坐ることをおいてほかにないことを、わが国において最初に、そして力強く宣言したのである。

日本仏教の総本山といわれ、道元もそこで修行したことのある比叡山天台宗では、開祖の最澄《さいちょう》いらい四種三昧《ししゅざんまい》という伝統的な修行方法がとられていた。すなわち、坐ることに徹して冥想する「常坐三昧」、身体的な行動をともなう「常行三昧」、坐と行とをふくむ「半行半坐三昧」、自由な状態のなかでおこなう「非行非坐三昧」の四種の冥想がそれである。道元は、このようなもっとも権威があるとされる修行方法のうちから、「常坐三昧」の系統のみを選択し、これを中国禅の精神で洗練させたのである。

また当時の伝統教団では、比叡山の天台宗、高野山の真言宗を問わず、また奈良の諸大寺においてさえも、山林における水行や山中登拝や礼拝などが重視されていたのであるが、そういう山岳修行の一切を道元は否定した。山林は、かれにとってはただひたすら端坐するための場所としてのみ尊ばれたのである。

さらに当時の貴族や庶民のあいだに急速にひろまりつつあった浄土教は、礼拝、讃歎《さんだん》、作願、観察、廻向の行儀作法を重視し、阿弥陀仏《あみだぶつ》を観想する念仏の行をすすめていたが、道元はこのような念仏を無益の「口声」であると非難し、春の田圃《たんぼ》でかえるが昼夜の別なく鳴いているようなものだといって揶揄《やゆ》した。

かれが『普勧坐禅儀』において主唱したことが、当時の日本の宗教界にとっていかに新しく、またいかに常識はずれのものであったかが、右のことからもわかるのであるが、しかし中国禅の考え方からすれば、そのような立場はむしろ本来の伝統的な古風に復帰することを意味していたのである。というのも道元は、唐代の百丈懐海《ひゃくじょうえかい》が作った『百丈清規《しんぎ》』という僧堂規定集に目をつけ、そこに説かれている根本精神を復活しようという意図をもって『普勧坐禅儀』を撰述したからである。いってみれば道元は、その入宋体験を徹底的に純化し、かつまた中国禅へ全身的に傾倒していくことを通して、かえってわが国の仏教の伝統にたいしてきわめて異質な独自性を主張することになったということができよう。

深草へ移る

道元は『普勧坐禅儀』を書いてから二年ほど建仁寺に滞在していたが、寛喜《かんぎ》二年（一二三〇）になって、京都の中心を離れて山城《やましろ》の深草《ふかくさ》に居を移した。

道元が洛中（京都）から洛外（深草）に移転したのは、そこに何らかの理由があったからだと考えるのがふつうである。建仁寺は道元にとって栄西や明全にゆかりのあるなつかしい寺であるばかりでなく、比叡山の別院格の寺院でもあった。そこから深草の寺院とも道場とも定かならぬ土地へ移るというのであるから、道元の胸の内にはうずくものがあったとみるべきであろう。これについては、すくなくとも二つの理由が考えられる。

その第一は、比叡山の僧徒による圧迫という理由である。中国からの若い帰朝僧が坐禅一本槍の新風を主張したことにたいして、伝統仏教の側が権威主義的な統制の挙に出た、というのがそれである。大久保道舟氏によれば、藤原定家によって書写された『兵範記』の用紙の裏に、仏法房《ぶつぼうぼう》（道元）が比叡山僧の迫害を受け、住居をこわされて、京都を追放されたという記事が書かれているという（『道元禅師伝の研究』一八五～六頁）。当時、法然一門の念仏宗が同じく比叡山によって弾圧の嵐にみまわれていたことを想いあわせるならば、道元が危険な状況に追いこまれたであろうこともうなずける。

第二の理由としては、当時の建仁寺の気風が沈滞し、僧侶たちの生活も堕落の影を濃くしていたということがあげられる。『随聞記《ずいもんき》』によれば、道元はつぎのようにいって嘆いたという。僧たちは世間の男女と同じく女色や遊蕩《ゆうとう》の話に打ち興じ、世俗の雑談にわれを忘れている。また寺のなかに立派な座敷をしつらえ、美服を身にまとって財物をたくわえ、相互の鍛錬や礼拝を怠っている、と（第一、第二）。また、食事作法の典範書である『典座教訓』では、当時の建仁寺の食事係（典座職）は名ばかりであった、と回顧しているほどである。こういう状態をみて、意気さかんな道元が失望落胆《らくたん》したであろうことは推察するにかたくない。

道元の深草への移動の背後に右のような二つの理由があったことを、わたくしは認める。それはかなり重要な動機であったと思う。しかし同時にわたくしは、道元自身の心の内に、さらに積極的に建仁寺を離れようとする気持ちのあったことを想像する。さきにふれた定家の『兵範記』の裏書に、仏法房のことが記されていたが、当時の仏教界で、新人の道元が各方面から仏法房、仏法房、と呼ばれていたことがわかる。現に、道元と同時代の学匠である東大寺の凝《ぎょう》然《ねん》（一二四一〜一三二一）は、その著『浄土法門源流章』で道元を「仏法禅師」と名づけ、また皮肉な批評家でもあった臨済宗の無住《むじゅう》は、説話集として編んだ『雑談集』のなかで「仏法房の上人」と呼んでいる。これらの資料は、そのころの道元の意気軒昂たる生き方をそれとなく写しだしては

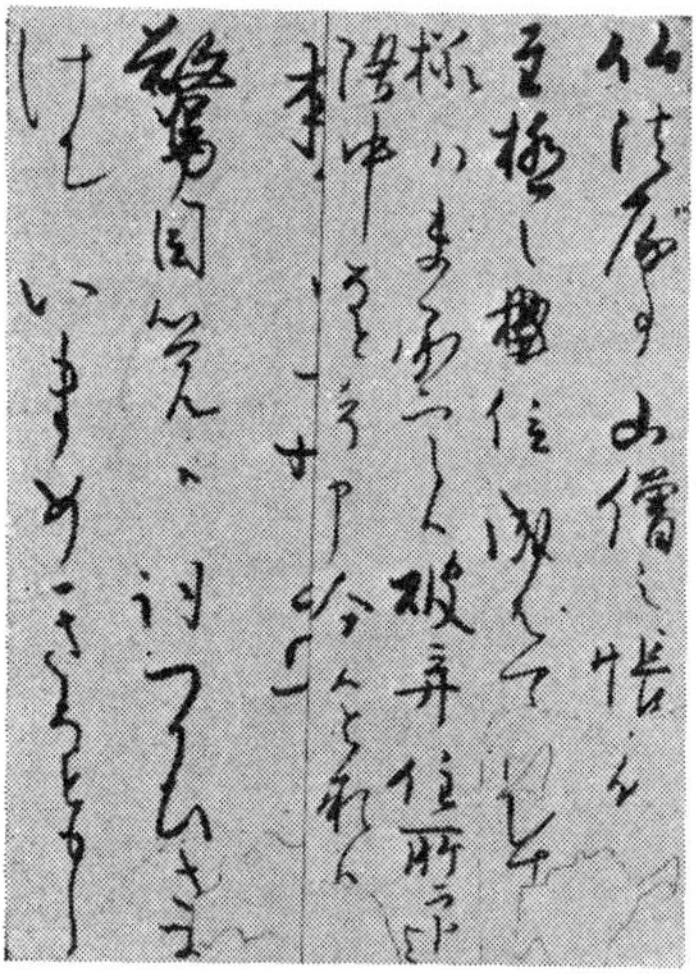

『兵範記』の裏書

いないであろうか。道元は、坐禅こそが「仏法」の正しい門であると、会う人ごとにいっていたにちがいない。仏法とは何か、仏法は只管打坐だ、とくり返しいっている道元の姿が浮かんでくるではないか。道元自身は自分のことを仏法房と称したり署名したりしてはいない。とするならば、仏法房というのは、周囲からの、すなわち友人や論敵たちからの他称であった可能性が高い。仏法房といって尊敬するものもいたであろうが、仏法房といって嘲《あざけ》るものもかならずやいたにちがいない。

仏法房・道元

要するに、道元は建仁寺にあって、すきあらば建仁寺の僧衆のなかから抜きんでようとしていたのである。仏法すなわち打坐、というスローガンを唯一の旗印にかかげて一歩もゆずろうとしない道元が、そこにはいる。叡山からの圧迫や建仁寺自体の堕落という状況はたしかにあったであろうけれども、かれはそのような客観的状況にたいしてむしろ挑戦的な態度をとるほどに自負と気力にみちあふれていた。わたくしは「仏法房」という道元の他称の成立をそのように解したいのである。

もしも以上のごとくであるとするならば、道元はけっして洛中から洛外へ隠棲《いんせい》したのではないであろう。かれは建仁寺の内部にしつらえられた自分の席を蹴《け》って立ち、深草なる新天地へとおもむいたのである。そのときかれの念頭には天童如浄《てんどうにょじょう》のことばが鳴りひびいてはいなかったか。城邑《じょうゆう》聚落《じゅらく》に住することなかれ、国王大臣に近づくことなかれ、深山幽谷《しんざんゆうこく》においてわが伝統を保持せよ、というあのことばが……。

しかしこのときの道元は、京都という城邑からは離脱しようとしていたけれども、いまだ深山幽谷の世界に飛びこんでいく覚悟はできていない。かれがそうするためには、このあと十数年の時日がなお必要である。かれはひとまず国王（天皇）と法王（比叡山座主）のいる京都の中心から離れて、自己の存在理由を熟考する時期をもたなければならない。なぜ自分が「仏法房」であるかの根拠を追求しなければならない。伝統的な仏教や教団にたいする批判は、そのような自己の存在理由と自己の宗教思想の根拠をあきらかにすることを通してはじめて完成されるであろう。

いってみれば、京都の建仁寺時代から、後半生の越前の永平寺時代へと飛躍するための中間的な時期――それが道元の深草時代である。この時期は、道元が真に道元になるための猶予期間であったということができるが、しかし道元の思想家としての知性と人間としての感性とがその人生においてもっとも豊かに花開き、そして実った時期でもあった。

いまや道元は、京都の権威に挑戦状をたたきつけ、自己の全身的な成熟へと向かって大きくはばたこうとしているのだ。

道元が深草で仮りのすまいとしたのは、極楽寺《ごくらくじ》の別院安養院《あんよういん》というところであったといわれる。やがてかれの識見と人格に魅せられて志ある人びとがその周囲に集まるようになった。そのなかの一人に、たとえば了然道者《りょうねんどうしゃ》という熱心な人もいた。道元は折をみては自分の修行のことや入宋の体験を語ったであろう。そしてかれ自身すでに、自分の立場をあきらかにする仏教概論を著述する機が熟していた。

「弁道話」の制作

深草に転居した翌年、すなわち寛喜三年（一二三一）の八月一五日に、かれは「弁道話」なる一巻を書きあげた。帰国後に『普勧坐禅儀』を書いてから数えて三年目である。ときに道元は三二歳である。後世この「弁道話」は『正法眼蔵』の冒頭部分におかれるようになるが、それは文字どおり『正法眼蔵』の総序の部分にあたり、いわば道元仏教の出発点を示す珠玉の一篇である。

かれは「弁道話」のなかで、しきりに「雲遊萍寄《うんゆうひんき》」ということをいっている。これは雲のように浮遊し、萍（浮草）のように寄宿する生活、すなわち雲水《うんすい》（行脚僧）のくらしを意味する。直接的には、京都から深草へ転居した道元が、しばらくのあいだとくにあてもない、そして自由な自分の行動をそう表現したものであるが、しかしこのことばの余韻は、巣立つ前にじっとうずくまり、翼を休めている若鳥の生新な精気を伝えてもいる。「雲遊萍寄」は、たんに標準的な雲水の生活をさすのではないであろう。

「弁道話」は、その冒頭に、仏道を求める単独者がひとり打坐し身心脱落すべきことを宣言してから、一七の問答をつぎつぎとかかげていく。「問い」は、当時の伝統的な宗教界が道元に対して放ったであろう非難攻撃の刃《やいば》を代表するであろうし、「答え」は、いうまでもなくそれにたいする自信にあふれた反批判、そして断固たる自己主張をあらわす。三二歳という、人生のなかばにさしかかった道元の思索と体験が、そこにするどく理論化されているのである。

「弁道話」の問答をつらぬいている第一テーマは、伝統的な仏教宗派にたいする批判であり、それらの宗派が採用している修行方法の否定である。この批判と否定のうえに、かれは坐禅の一行を選択している。かれは華厳、天台、真言の伝統教義をしりぞけ、同時代の念仏門の立場を撃破していく。第二のテーマは、坐禅の本質の追求である。坐禅は心と身とが一体となっておこなうものであり、修行（修）と悟り（証）の全体をつらぬいておこなわれるものであり、その他の一切の行法は無益であると断じていく。そして第三のテーマは、坐禅の門は在俗の男女・貴賤《きせん》のすべての人間にひらかれているという在家主義であり、宗教的平等主義の宣揚である。道元はしかし、この在家にたいする寛容な態度をのちになって否定し、永平寺時代にいたって純粋な出家主義を標榜《ひょうぼう》するようになる。

道元における在家主義、出家主義の問題はあとでくわしくふれるとして、ここで注意したいのは、いまあげた第三のテーマのなかで、道元が国家もしくは国王と仏法の問題にふれている点である。いわゆる「王法」（政治的権力）と「仏法」（宗教的権威）との関係の問題である。

かれは中国の事例を出していう。大宋国では、国王や大臣および一般の男女はみな仏祖の道に心をとどめている。武人も文官も「参禅学道」に志している。これは、世俗の活動において仏法が尊ばれている証拠ではないか。だから国家に仏法がひろまれば、国王の徳が人民を感化して、天下泰平になる。国家が泰平であれば、仏法も威力を発するのだ。

道元は、「王法」と「仏法」とが車の両輪のごとく相互に助け合う関係にあると主張しているのである。宗教的権威によって政治を一方的に弾劾するのではなく、また仏法を王法の権力に妥協させようというのでもない。道元の精神は、「王法」と「仏法」のあいだで微妙な平衡を保っているのであり、したがってまた「在家」と「出家」の関係も、「王法」と「仏法」との関係のごとくいまだ矛盾するものとしてあらわれてはいないのである。

道元は「弁道話」一巻の終尾を、坐禅の実際のやり方についてはさきに選述した『普勧坐禅儀』をみよ、といって結んでいる。

「現成公案」を書く

「弁道話」を書いてから二年ののち、すなわち天福《てんぷく》元年（一二三三）になって、道元は安養院と同じように極楽寺にゆかりのあった観音導利院《かんのんどうりいん》に居を移した。道元に信服して帰依する人びとがしだいにふえ、そのなかの有力な信徒であった正覚禅《しょうがくぜん》尼《に》や藤原教家《のりいえ》らのすすめがあったからである。正覚禅尼は鎌倉将軍・実朝の室であったともいわれる人であり、藤原教家は九条兼実《かねざね》の孫にあたる人物で、出家して弘誓院《ぐぜいいん》と号していた。道元は、道場（僧堂）をひらき弟子を養成して、自己の立場を天下に知らせようとする意欲をもつようになった。観音導利院に移った天福元年を機に、かれの行動はようやく積極的なきざしをみせはじめる。ときに三四歳であった。

まずこの年の夏、大乗仏教の精髄といわれる「摩訶般若波羅蜜《まかはんにゃはらみつ》」の問題を、自分が禅の立場からいかに理解しているかを信徒の前で語った。「摩訶般若波羅蜜」とは、仏教者のふみおこなうべき修行の根本原理のことである。このときの道元の説法は、やがて『正法眼蔵』の第二巻に編入されることになるであろう。

また七月一五日には、六年前に撰述した『普勧坐禅儀』を清書して人びとに示し、翌八月になって「現成公案」一巻を書きあげた。これは鎮西《ちんぜい》の俗人で道元の帰依者であった楊光秀《ようこうしゅう》にあたえられたが、この「現成公案」はやがて『正法眼蔵』全篇の劈頭《へきとう》を飾ることになる文章である。わたくしはさきに、「弁道話」が『正法眼蔵』の総序にあたる部分であるといったが、それは、「弁道話」が伝統的な旧仏教にたいして道元の「新仏教」の宣言に相当するということを強調するためであった。これにたいして「現成公案」は、いわゆる道元仏教の本質を求心的に追求する内面凝視の文書である。「弁道話」が対他的な宣言であるとするならば、「現成公案」は対自的な宣言であるということができる。『正法眼蔵』全巻にたいして「弁道話」が総序の位置をしめ、「現成公案」がその第一章の位置をしめるゆえんがそこにある。

「弁道話」は、只管打坐して仏道を探求することの意義を説く文章であったが、しからば「現成公案」とは何か。「現成」とは、われわれの眼前に生々《せいせい》流転《るてん》している現実世界のことである。そして「公案」とは研究課題のことであるから、「現成公案」というのは、ありのままの生々流転がすなわちわれわれの現実の研究課題だ、ということになる。ここで道元は『正法眼蔵』の根本テーマが「現実」という問題であるといっている。

とするならば、現実とは何か、現実の生々流転とは何か。道元はそれを「万法《まんぼう》」だという。万法すなわち一切の現象をさすというのだ。だがかれは同時に、間髪《かんぱつ》をいれずに、その万法はすなわち「仏法」と同じことだという。一切の現象は自然といいかえてもいいが、それも結局は仏の姿そのものだというのである。だがこの仏の姿というのは、たんに無色透明の理想境なのではない。そこには、迷いと悟り、生と死、愛と憎などの矛盾対立する無数の要因が渦巻いている。だがそれならば、仏法というのは結局は矛盾した存在なのかといえば、そうなのではない。矛盾をして矛盾たらしめている普遍的な理法といったものが仏法だ。こうして仏法は矛盾のなかに自己をあらわし、同時にその矛盾的諸要素の根拠になっている。だから一切の現象はそのまま仏法だ、というのである。

ところで、道元の論理はそこで終わらない。現象が同時に仏法であるということを、究極的に体得するのは誰か。それはこのわれわれの「自己」をおいてほかにはみいだしえないであろう。一切の現象がそのまま仏法としてあらわれているのは、なにも客観的な、そしてたんなる対象的なことがらとしてそうなのではない。それは、このわれわれの「自己」の姿のうえにそういうものとしてあらわれざるをえない。自己がなければ、万法も仏法も無に帰するだろう。道元が、現実そのものである万法をみよといったのは、すなわち自己をみよ、自己の脚下をみよ、ということであったのにほかならない。だがこの自己は、もともとは一切の現象のなかにそのままの形でつつまれている。こうして一切の現象すなわち万法は、じつは仏そのものの働きなのだ。

　道元の論理は、万法＝仏法＝自己という単純明快な等式を生みだしている。万法と仏法と自己とは一種の円環体をなして連結しあっている。このことを道元は美しいことばでつぎのようにいっている。「現成公案」が問題にされるとき、かならず人びとの脳裡《のうり》によみがえる文章だ。

　　仏道をならふといふは、自己をならふなり。自己をならふといふは、自己をわするるなり。自己をわするるといふは、万法に証せらるるなり。

仏道の探求はすなわち自己の探求だ。自己の探求は、しかし最終的には自己を放擲《ほうてき》（捨て去ること）することだ。自己を放擲するとき、万法が真実に輝く。そのとき万法は仏法そのものなのだ。何という明晰な論理であろうか。道元の「現成公案」は、こうして純粋にして無私《むし》なる「自己」探求の哲学であるということができよう。道元は「現成公案」なる一篇をこのように書くことによって、『正法眼蔵』全巻の性格を定義したのである。したがってこのあとにつぎつぎと書きつがれる『正法眼蔵』の各篇は、「現成公案」の発展であり、展開であり、変奏であるだろう。この発展と展開と変奏のなかで、道元の「自己」もまた曲折に富む成長を遂げていくはずだ。

興聖寺僧団の形成

懐弉の入門

道元が「現成公案」一篇を書いた翌年は文暦元年(一二三四)とあらたまる。この年の冬かれは、終生その身辺から離れることのなかった弟子をえる。その名は懐弉《えじょう》。このときに道元は三五歳、懐弉は二歳年長の三七歳であった。懐弉はこのときまで、道元とは別系統の禅の門流に属していた。それがなぜ、この段階で道元の門に参ずることになったのか。

道元以前の時期に、中国禅の伝統を継承してわが国に伝えた代表的な禅者として二人の名をあげることができる。一人は栄西であり、他は大日能忍《だいにちのうにん》である。栄西は臨済宗のうちの黄龍派《おうりゅうは》の禅を伝えたが、すでにのべたように道元も明全もこの系統に属していた。これにたいし能忍は、栄西のような京都と鎌倉を往復する派手な活動とくらべるとき、主として京都を中心に活動した地味な人物で、その系統は同じ臨済宗でも楊岐派《ようぎは》の流れをくんでいた。そして懐弉の最初の師は、この能忍の直弟子であった覚晏《かくあん》である。いわば道元は栄西の孫弟子、懐弉は能忍の孫弟子という関係にな

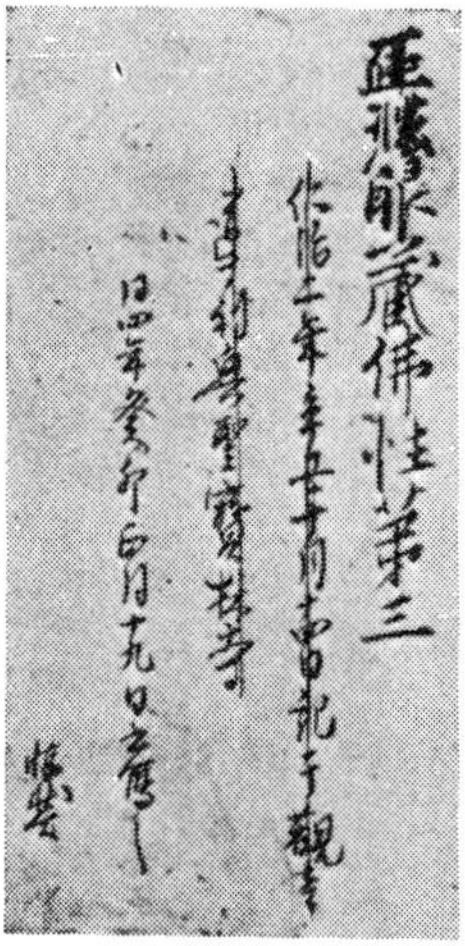

仏性
懐弉筆

る。

以前より、栄西派の禅風と能忍派の禅風とは性格を異にし、そりが合わなかった。そして道元も栄西流の伝道方式にたいしては批判的であった。中国から帰朝したばかりの道元がまだ建仁寺にいたころ、建仁寺の気風にあきたらなく思っていたことはさきに記した。そしてそういう道元の新風というか見識にたいしてひそかに敬意をはらっていたのが懐弉であった。現にかれは道元が建仁寺にいるころに訪ねて、熱心に問答をかわしていたのである。

そのうえ、社会的な情勢が能忍派の団結にとって好ましいものではなかった。能忍の死後その法門をついだのは覚晏であったが、かれは居を大和の多武峰に移して、自分の流派の根拠地とした。ところがこの多武峰はしばしば南都系の僧徒の襲撃を受け、ついに門下の人びとは山を去って四散せざるをえない状況に追いこまれたのである。安貞《あんてい》元年（一二二七）から翌年にかけて、二度も興福寺衆徒の焼き打ちの被害にあった。懐弉が建仁寺の道元を訪れたのは、じつにこの焼き打ち直後のことであったのである。

懐弉の道元への入門は、こののち道元僧団が形成されていくうえできわめて重要な出来事であったが、かれらを中心とする宗教運動はやがてさまざまな圧迫をこうむるようになる。こののち道元は叡山や南都などの動きを注視し、その意向に神経を集中し、いわば薄氷を踏むおもいで行動しなければならなくなるであろう。

興聖寺の建立

懐弉の入門を機縁として、道元の周囲には気骨のある、そして真率な弟子、信徒が集まるようになった。静かに、そして思いきった第一歩を踏みだす機が熟したのである。道元はかれらの熱意に応えなければならぬ。懐弉入門の翌年、すなわち嘉禎《かてい》元年（一二三五）の一二月になって、道元は道場を建立するための趣意書を作成し、これを関係者のあいだに配布して浄財をつのった。「宇治《うじ》観音導利院《かんのんどうりいん》僧堂勧進疏」というのがそれである。そのなかでかれはこういっている。

自分は中国から帰朝していらい、僧堂を建てようと思ってきた。ようやく深草の地に観音導利院という場所をえて落ちつくことができたが、これは寺院というようなものではない。寺院とは仏殿、法堂《はっとう》、僧堂の三つをそなえたものでなければならないが、そのうちもっとも重要なのが僧堂である。いま自分はその僧堂を建てたいと思う。それは僧衆が昼夜をおかず修行する場所である。これは正しい時代にふさわしい修行道場である。修行者のうちで仏法を体得したものを導師としよう。われわれは人間だけを教化しようというのではない。天上の者も竜宮の者をも教化しよう。されば仙界のものも冥界の者も、われわれの説法をきかなければならぬ。なぜならわれわれがのべる法は、釈尊から伝わった法輪《ほうりん》（教え）にほかならないからである。

この趣意書のなかで、道元はまず修行のための僧堂を造りたいといっている。そして第二にそれは、仏法が正しく教えられ修行が厳密におこなわれている時代（すなわち正法と像法の時代）にふさわしい修行道場なのだという。このいい方のうちには、末法（末世・終末）の仏教としてひろく信じられていた浄土教にたいする暗黙の批判がこめられているであろう。この文書を書いているとき、かれはあきらかに法然門の動きを意識していたと思われる。第三に、この道場のなかから真の指導者が出現することを期待している。

こうしてこの文書には、釈尊直伝の坐禅共同体を建設しようというはげしい願望が簡潔なことばで、力強く訴えられているのである。

念願の僧堂は一年たった嘉禎二年（一二三六）の一〇月になって落成した。同月一五日、道元は弟子、信徒を集めて説法し、この新しい坐禅共同体の根拠地を観音導利興聖宝林寺と命名した。興聖とは聖道を興隆する意味であり、宝林寺とは中国禅僧の大器、六祖慧能《えのう》の宝林寺の寺号にちなんだものである。慧能は達磨いらい第六代目の祖である。中国の禅宗が五家といわれるような宗派に分裂する以前の正統的な原点を、それは意味していた。道元は禅の正統への復帰を道場の命名によって内外に表明したということができる。仮借《かしゃく》なき現状批判と正統への意識的な回帰の二つが、このときの道元の不動の指針となっている。

興聖宝林寺の第一の基礎ができあがった年（嘉禎二年）の大晦日《おおみそか》の夜、かれは愛弟子の懐奘を新装なった道場の第一座（首座）に任命した。懐奘は道元の推薦によって、師にかわって大衆に説法すること（秉払《ひんぽつ》）を許された。このときの情景が『随聞記』第四に記されている。興聖寺僧団が師と弟子によるかたい提携のもとに正式の第一歩を踏みだした記念すべき瞬間であった。道元は推薦のことばのなかでこういっている。僧衆の数のすくないことを憂うることなかれ、自己の非力をわずらうことなかれ、と。身心の練磨と弟子の育成に没頭せよといって、懐弉を激励しているのである。

僧堂生活の規範

こうして興聖寺僧団には、さらに僧や信徒の人材がしだいにふえてきた。道元は道場での生活に一定の規矩《きく》をあたえる必要にせまられる。宗教的集団生活にとっての基本方針のことであるが、その模範をかれは中国禅林の伝統に仰いだ。嘉禎三年になって、かれは『典座教訓』と『出家授戒略作法』を作成したのである。「典座教訓」とは道場生活における食事作法のいましめであり、「出家授戒略作法」とは戒を授ける儀礼作法を具体的にのべたものである。「授戒作法」が大事な文書であることは当然であるが、僧堂生活の最初の規範として道元が「食事作法」をまず作成したのは興味深い。

食事係（典座）という職務が僧堂ではいかに重要なものであるかということについてはすでにのべた。道元はそのなかで、米と野菜、味つけについてふれ、また米のなかから砂をとり去って「浄潔」にすること、火をおこして飯を蒸す方法などについてもくわしくのべている。典座は、米をえらび野菜をえらんで料理するとき、かならず経を読んで「竈《かま》の神」に回向《えこう》（供養）しなければならないとも記している。道元の清潔ずきと行儀作法における細心綿密な神経のくばり方が、そこからは浮かびあがってくる。

『出家授戒略作法』では、道元の「出家主義」が高らかにうたわれている。出家授戒の作法という以上それは当然のことであるが、しかしそれにしても六年前に書かれた「弁道話」で在家に強い関心が注がれていたのとくらべるとき、やはり驚かされる。だがわたくしはこれを道元の考え方の矛盾だとは思わない。また、六年の時日の経過によって考え方が変わったのだとも思わない。ここでのただ一つの可能な解釈は、在俗の信者にたいしては坐禅弁道の機会を開放するが、しかしひとたび出家せんとする者にたいしてはきびしい生活態度を要求する、ということをおいてほかにはない。かれはけっして在家者に対して門戸を閉ざしたのではない。出家の行き方と在家の行き方とを区別しただけのことだ。

『出家授戒略作法』は、道をおこなう者はただ出家のみであるとし、国王も父母も出家者にはおよばないという。だが同時に求道者が出家するときは、父母、国王、神々にたいしてそれまでにえた「恩」を報謝してから出家しなければならぬと説いている。剃髪式をおこなうときは、まず国王を礼拝し、氏神を礼拝し、父・母を礼拝してから、仏および師にたいして礼拝する。そのあとで、本師が剃刀をとって髪をそりおとす。出家者が世俗の縁を切ろうとするとき、国王、父母、諸神の恩に感謝すべきことを道元が教えている点は重要である。かれは世俗の権威や慣習を否定しているのではない。出家者はそのようなものから離脱すべきだといっているにすぎない。道元の思想がつねに峻烈であり、またその生活態度が徹底的な潔癖を示すということはすでにこの時期に濃厚にあらわれているが、しかしかれは同時に世俗の法にたいしてきわめて柔軟な態度を持していた。そのことをここではとくに銘記しておこう。

『出家授戒略作法』の最後は、殺、盗、邪婬、嘘、酒など全部で一〇種類の悪を禁じた十重禁戒の項目がならべられている。すでにみたように、道元の「授戒作法」の第一の眼目は、このインドいらいの伝統をもつ十重禁戒の条項そのものにあるのではない。問題は、それらの条項の背景に注がれている道元の真率な覚悟のほうだ。

精力的な創造活動

道元は宋国から帰朝した直後に『普勧坐禅儀』を書いた。ときに二八歳。その四年後には深草にあって「弁道話」を書いた。三二歳。そしてさらに二年後、かれは「現成公案」を作成している。三四歳。わたくしはさきに、「弁道話」はのちに集大成されることになる『正法眼蔵』の総序、すなわち日本仏教界に向けて放たれた宣言書であり、「現成公案」はその序章、すなわち坐禅の本領を説きあかす内面的な決意の文書であるといった。この「現成公案」が書かれてから三年後に興聖寺の僧堂がひらかれた。そしてその翌年に『典座教訓』と『出家授戒略作法』が撰述された。ときに三八歳。帰国してからこのときまでに、すでに一〇年が過ぎているのである。

明けて嘉禎四年（一二三八）、道元ははや三九歳になっている。みてきたように、かれはすでに自己が何者であるかを証明する文書を書き、自己の活動の何たるかを示す新天地を手に入れ、そしてその新天地には僧・俗の有能な弟子と信徒が集まっている。道元のからだと心は充実し、精神は奔放自在にはばたこうとしている。直観力はいよいよするどく飛翔し、思考力はいよいよ深く沈潜しようとしている。これまでの経験のすべてがかれの論理と感覚を円熟のいただきに押しあげようとしているのである。身内に噴きあげてくる熱い渦流のなかに、いまようやくにして表現をあたえる機が熟したのである。この時期以降、かれはせきを切っておとすように、その経験の豊かな水脈を選びぬかれた珠玉のごときことばによって浮きたたせるであろう。このときから数えて越前に北行するまでの約五年間こそは、道元の人生のうちでもっとも美しく充実した段階を画する。『正法眼蔵』におさめられた諸篇の重要な作品もすべてこの時期に集中して書きあげられていることに注目しよう。

嘉禎四年の四月、かれは山城観音導利興聖宝林寺で僧衆に向かって「一顆明珠《いっかのみょうしゅ》」一巻を説法した。その翌延応元年（一二三九）五月には「即心是仏《そくしんぜぶつ》」を、一〇月には「洗浄」と「洗面」の各巻を説いた。

わたくしはこの二年間に書かれた四篇の作品によって、道元がその資質のすべてをあますところなく展開していると考える。それらは道元の全人生の意味を象徴的にあらわしているということができるし、かれの思想と行動の性格をみきわめるうえでまたとない素材でもある。道元は右の四篇を書いた三九歳から四〇歳にかけて、あたかも自然の熟成をまっていたかのごとく自己の人間としての本質を一気に表出したのではないか。

まず「一顆明珠」では、詩人としての道元の資質がはなやかに開花している。慎重に選びぬかれた美しいことばと宇宙の彼方にまで浸透していく澄んだイメージが幾層にも重なりあって交響する世界がくりひろげられている。つぎに「即心是仏」は、人間意識の厳密なる探求者としての道元の面目が躍如としている。「心」の働きをその微妙な振動にまで追求し、それがしだいに不動の「心」へと転じていく道筋を照明する手法は、おそらく何人の追随をもゆるさないだろう。そして最後に「洗浄」と「洗面」の二巻は、徹底的に不浄を厭《いと》う道元の生理的な清潔感を生ま生ましく伝えている。それは日常的な生活場面における道元の倫理的な潔癖性と呼応しているというべきであろう。

「一顆明珠」は、尽十方界《じんじっぽうかい》としての全宇宙がそのまま眩《まばゆ》い光明を発する球体であり、この無限大の球体はそのままわれわれの全身、全心として多彩な光を放射してあらわれている。すなわち、

愛せざらむや、明珠かくのごとくの彩光きはまりなきなり、

というのだ。

「即心是仏」は、まず「心」とは霊の働きなどというものからは隔絶したものであると説くこと

から出発し、一切の現象がすなわち「心」であることを確認するが、しかし「心」に執着すれば万物と自己はたちまち喪《うし》なわれるであろうという。「心」が脱落しきったとき、「心」は「仏」となる。「洗浄」と「洗面」は修行僧に清潔な身だしなみの重要性を説いたものであるが、そのうちとくに大小便の洗浄の意義と「東司《とうす》」（便所）における作法を教えている。その論法はまさしく微に入り細をうがってすこしの油断もみせない。全篇には「浄」の文字がしばしば多用されている。かれが浄と不浄の問題に神経を集中しているのははなはだ印象的である。たとえばつぎのような一文をみよう。

すでに東司にいたりては、浄竿《いかん》に手巾《しゆきん》をかくべし。……つぎに浄架《いか》にいたりて、浄桶《いつう》に水を盛て、右手に提して浄厠《いし》にのぼる。

以上の要約からも知れるように、道元という生《なま》の人間の内部には、詩人的なみずみずしい感覚、人間心理に関する意識的な探求心、そして生理的かつ倫理的な潔癖感、という三つの資質が分かちがたく結びあっていたとわたくしは思う。かれの人生行路をたどり、その思索と実践のあとをかみしめていくとき、この三つの資質がたがいにひびきあう姿がいつも見えてくる。

珠玉の各巻

さて道元は、寛元元年（一二四二）の七月に越前の山中に居を移すまでのあいだ、この深草興聖寺にあと四年の時日を過ごす。熱心な布教活動と旺盛な著作活動がこの時期に集中するのである。布教活動についていえば、法堂やその他の場所で説法をした回数は深草時代だけで一二〇回にのぼったというし、著作活動についていえば、四〇篇をこえる『正法眼蔵』の各巻を書きあげ、そして大衆にこれを説いている。その内容も変化に富み、表現方法にも新鮮な工夫がこらされた。

まず内容についてみよう。道元は自分の中国体験をもまじえて、中国の禅僧たちの真摯な修行態度や古典にでてくる名僧たちの日常の生活ぶりを生き生きと再現し、かれらの個性的な発言(語録)を印象ぶかく紹介している。たとえば「行持」の上下巻がそれである。また仁治元年(一二四〇)の春という比較的早い時期に「礼拝得髄《らいはいとくずい》」を書いて、女人もまた仏法を修行して、大衆の指導者となることができるといっている。道元における在家主義の一面をそれは示しているが、しかし同時に「女人でも、畜生でも、それは可能である」といっているあたりは、仏教に伝統的な女性蔑視《べつし》の影響の片鱗《へんりん》があらわれてもいる。また多くの巻では、たとえば中国禅林の一方の雄であった臨済義玄《りんざいぎげん》など、自分が認めない僧にたいして手きびしい批判攻撃を加えているが、このような道元の論争家的な一面が巻を追うにしたがって、しだいに鮮明になってくる。

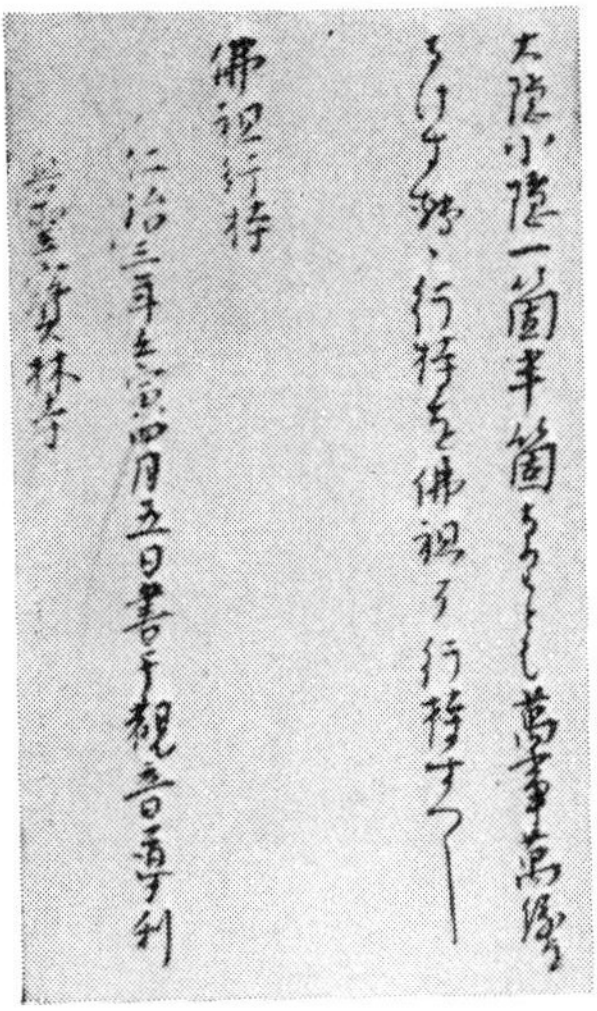

「行　持」(道元真筆)

道元がどちらかというと日本の修行僧にきびしく、中国の禅僧のうちに理想型を求めようとしていることはさきにのべたとおりであるが、このような考え方はかれの国王にたいする見解にもあらわれている。すなわち「伝衣《でんえ》」の巻では、唐代の皇帝がすぐれた禅僧に帰依し、「仏衣《ぶつえ》」を贈って供養している例をあげているのであるが、それに続けてかれはこういっている。「しかし、あわれにも、わが国の国王はこのような大変な宝である伝衣のあることを知らない」と。また道元は如浄の教えにもとづいて国王、大臣に近づくことをかたくいましめているが、それはたとえば「渓声山《けいせいさん》色《しょく》」の巻において明瞭である。「国王、大臣が帰依してきたからといって、自分の求法の正しさが証明されたとおもうならば、それは学道をさまたげる魔である」といっている。

以上のことからだけでも、道元がさまざまな問題を説法の材料にしていることがわかるのであるが、同じことはその表現方法の独自な工夫においても認められるのである。

「一顆明珠」に、みずみずしい詩的直観がひらめき、宇宙と身心が透明な球体となって光り輝くさまが映しだされていることをさきにのべたが、これと同種の発想は「古鏡《こきょう》」、「画餅《わひん》」、「空華《くうげ》」、「都機《とき》」などの諸巻でもいかんなく躍動している。また道元の鋭敏な感受性は自然のまっただなかを光線のようにまっすぐにつらぬいていき、自己の身心をそのなかへ無心にすべりこませる。そこでは自然の理法が一つの芸術品として昇華し、自然の景色は一つの不動の哲理と化している。たとえば「渓声山色」がそうであり、「山水経」がそうであり、「海印三昧《かいいんさんまい》」がそうであるだろう。

自然や宇宙の美しさにたいする道元の関心は、けっして美的なものへの耽溺《たんでき》を意味するのではないことに注意しよう。それはなによりも人間的なもの、豊かな感性をそなえている人間の真情へのつきせぬ共感によって裏打ちされている。かれは同じこの時期に、弟子たちにたいしてきびしい出家主義の立場を説いているけれども、しかし人間的な感情の流露と洗練を否定していたのではなかった。かれが「礼拝得髄」において女人成仏《にょにんじょうぶつ》の可能性を説いているのも、在家信者の苦悩と求道の志にあたたかく共感する純な心をもっていたからなのである。中国からの帰朝後かれは「弁道話」を書いて在家と女人の成仏を説いたが、その立場はそれ以来一貫して変わることがなかったと考えるべきであろう。

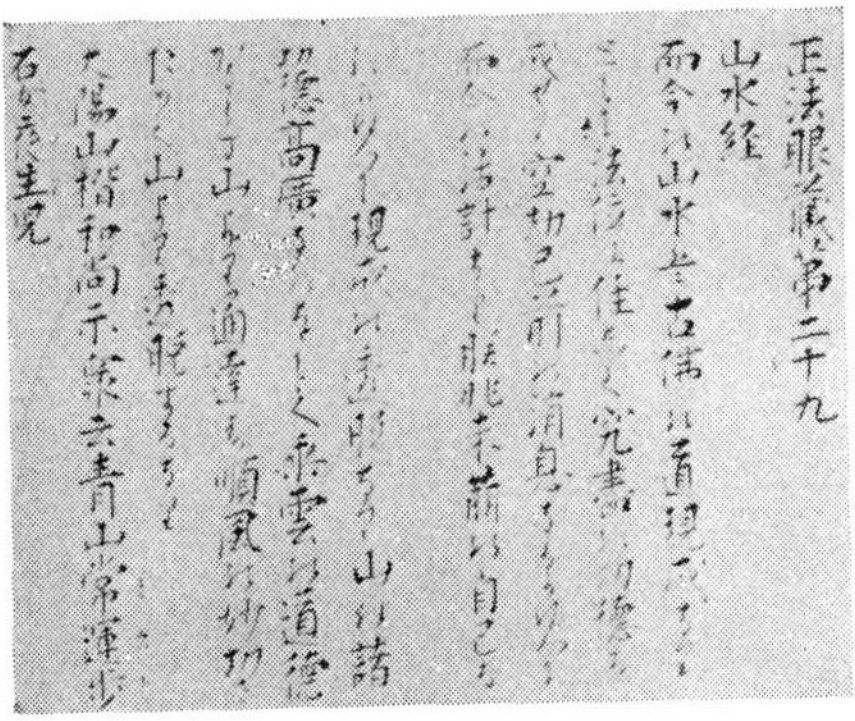

「山　水　経」（道元真筆）

またわたくしは延応元年に書かれた「即心是仏」において、道元は意識もしくは心の厳密なる探求者であったとのべたが、このような方面の問題をさらに追求したものとして、「心不可得《しんふかとく》」、「古仏心《こぶっしん》」、「身《しん》心学道《しんがくどう》」などをあげることができるであろう。もちろん道元にとって、心は身と一体のものとみなされていたし、身と心とが真に統一・融合したところに坐禅の本質が横たわっていた。

以上のほかに、人間は究極的に仏になりうるのかどうかを徹底的に論究した「仏性」の一大雄篇、道元の独自の時間論とされている珠玉のごとき「有時《うじ》」、そして夢幻《むげん》と覚醒《かくせい》の世界に探針をおろした「夢中説夢《むちゆうせつむ》」の一篇など、道元の問題意識はとどまるところなく内面に沈潜し、四周に飛翔していった。

越前へ

懐鑑《えかん》一派の集団入門

道元の創作意欲が右にみたような急上昇のきざしをみせた仁治二年（一二四一）の春、深草の興聖寺に有力な僧の集団が入門した。すなわち懐鑑《えかん》とその一門がそれである。

大日能忍の法統

阿育王山
（拙庵徳光）─能忍─覚晏─┬懐鑑─┬義介（永平寺三代）
　　　　　　　　　　　　　│　　　├義尹
　　　　　　　　　　　　　│　　　├義演
　　　　　　　　　　　　　│　　　├義準
　　　　　　　　　　　　　│　　　├義荐
　　　　　　　　　　　　　│　　　└義運
　　　　　　　　　　　　　├懐弉（永平寺二代）
　　　　　　　　　　　　　├懐照
　　　　　　　　　　　　　└懐義尼

さきにもふれたが、道元以前の日本禅の系統は栄西と大日能忍の二つの流れがあった。道元が前者に属し、道元の弟子になって主座をつとめる懐弉は後者に属していたのである。そしてこの仁治二年の集団入門は、懐弉とともに覚晏（能忍の弟子）の高弟であった懐鑑が、義《ぎ》介《かい》、義尹《ぎいん》、義演《ぎえん》、義準《ぎじゅん》、義荐《ぎせん》、義運《ぎうん》など多数の門弟を引きつれての思いきった行動であった。

懐弉は文暦元年（一二三四）に多武峰

の覚晏のもとを去って道元の門に入ったが、懐鑒はそれよりも早く多武峰を下って越前に入り、その地の波著寺《はじゃくじ》に住していた。そして仁治二年の春、この懐鑒の一門は越前からはるばる山をこえて上洛し、道元の僧堂にやってきたのである。禅の新風を精力的にひろめようとしていた道元の人格を尊敬したからであったが、懐弉による強い勧誘が働いていたことも疑いない。このときの出来事は、興聖寺教団のいっそうの発展をうながすことになったであろうが、それから二年後になって道元が北国越前へと伝道の拠点を移すうえでも重要な機縁となるものであった。

懐鑒一門の集団入門があった翌年の七月、道元は一〇年以上も住みなれた深草の地をあとにして北国に旅立つ。ときに年号はあらたまって寛元元年（一二四三）、道元は四四歳になっている。深草の興聖寺のことは弟子の詮慧《せんね》に託した。

越前移住の動機

道元はこの時期になって、なぜ越前に移住することを決意したのか。これはむずかしい問題である。これまでにもいろいろな説が唱えられてきた。

その代表的なものの一つに、比叡山の当局と僧たちが道元の布教活動を圧迫したのだという意見がある。大久保道舟氏によるもので、中世の重要な宗教文献である『渓嵐拾葉集《けいらんじゆようしゆう》』（光宗の編、一三一三年成立）という資料によってそのことを証明しようとしている。それによれば、道元は『護国正法義』という書をあらわして朝廷にさしだしたが、朝廷での審議によってその主張はいれられなかった。比叡山の権威が反対にまわったからである。かれらはさらに道元一門の抑圧にのりだし、寺を破却して追放したのであろうという（『道元禅師伝の研究』一九〇〜一九六頁）。

道元が朝廷にさしだしたという『護国正法義』は現存していないので、その内容はわからない。しかしかれは、深草の地に移ったばかりの寛喜《かんき》三年に「弁道話」一巻を書き、国家と仏法とがたがいに協力しあうべきことについて情熱的な意見をのべていた。またかれがかつて尊敬した建仁寺の栄西も『興禅護国論』を書き、禅が興隆することによってはじめて国家も鎮護されるのだと主張したことがある。道元がそれらのことを意識しなかったということはできないであろう。さらにいえば、深草の僧堂の生活規範をさだめた「重雲堂式」の識語（奥書）には「観音導利興聖護国寺」とみえる。みずからが住する興聖寺は聖法を興隆して国を守護するための寺なのだ、と道元はいっていることになるだろう。

しかしこのような道元の努力も、ついに朝廷において一蹴されたのであった。もしも『護国正法義』の一件が事実であったとすると、道元は自己の禅の立場をあきらかにすると同時にそれを承認してもらうための著作を朝廷にさしだしたが、当時の仏教界の最高権威である比叡山天台宗によって妨害されたのだということになる。こうして道元は「中央」における布教を断念して、「辺境」の地への転身を決意するほかはなかった。

以上が、道元北行の動機についての大久保氏の見解であるが、これにたいして別の見方がある。

古田紹欽氏の説がそれである（『日本仏教思想史の諸問題』一四五〜一六一頁）。氏の論点はこうだ。寛元《かんげん》元年（一二四三）に、宇治の深草に隣接する東山の地に東福寺《とうふくじ》が建てられた。九条道家《くじょうみちいえ》が建てたもので、藤原氏の新しい氏寺という性格をもっていたが、寛元二年になって円爾《えんに》弁円《べんえん》がそこへ住持に迎えられた。弁円は入宋して臨済宗楊岐派の系統を受け、仁治二年（一二四一）に帰国して九州の太宰府にとどまっていたのである。

ここでわれわれは、あの栄西が同じく入宋して臨済宗黄龍派の禅を伝えた人であったことを想いおこそう。そして道元の師の明全はこの栄西の弟子であった。しかし道元自身は天童山で如浄につき、曹洞禅の系譜を受けついで帰国したのであった。かれは自分を曹洞宗の禅者だとはひとこともいっていないけれども、その胸の奥底には臨済派にたいする対抗意識がわだかまっていた。もしもそうだとするならば、深草の地に隣接して東福寺が建てられ、いまや声望の高まっていた新帰朝者の弁円がそこに迎えられたことは、道元の気持ちを強く刺激したにちがいない。臨済派にたいする批判と如浄から受けついだ曹洞禅の立場の宣揚という二つのことがらが、こうして道元の緊急の課題となった。事実、道元が越前へ移る年である寛元元年をさかいにして『正法眼蔵』の制作がにわかに増大し、しかもそこに臨済にたいする批判がはげしくほとばしるようになったのである。

以上が古田氏の主張の概略である。これを大久保氏の説と重ねあわせてみるとき、住みなれた深草の地を去って北国におもむこうとする道元の思いつめた気持ちがいくぶんなりとも伝わってくるであろう。そしてこのとき、道元の脳裡に如浄のことばがしだいに強く鳴りひびかなかったであろうか。「城邑聚落に住することなかれ。国王大臣に近づくことなかれ。ただ深山幽谷に居りて一箇半箇を接得し、吾が宗をして断絶致さしむることなかれ」という、あのことばが……。

道元はいま、京都を捨てることによって比叡山の圧迫をふりはらい、世に迎えられようとしている臨済派の俗物主義をきらって如浄のいましめの原点に復帰しようとしている。このときかれは、たしかに宇治・深草における十余年の体験を清算しようとしていたのだ。

大檀那・波多野義重

道元が「中央」を去る決意をかためたいきさつはほぼ右にみたとおりであるが、しかしそのほかに新しい土地の提供をかれに申しでた有力な檀那《だんな》（信者）がいたことは重要である。波多野義重《はたのよししげ》がそれである。かれは鎌倉の北条氏に仕える武士であったが、当時たまたま京都の六波羅《ろくはら》に派遣されており、そこに館をかまえて市内の警護にあたっていた。それが縁で道元のもとを訪れることになったのであろう。

波多野義重は越前の志比庄《しひのしょう》に知行地をもっていた。かれは師の心境の変化に応じて、北越の深山に移住することをすすめたらしい。また先年（仁治二年）に道元の門に入ったばかりの懐鑒の一門は、越前の大坊波著寺をかれらの活動の中心地にしていたのであった。懐鑒もまた道元僧団の主座をつとめる懐弉とともに、道元の越前入りを強くすすめたであろう。

このような周囲の状況はともかくとして、越前という名称は道元にとっては忘れがたい記憶につながる名前であった。というのも、かれが終生恋慕し尊敬してやまなかった如浄の生国が「越州」であったからだ。かれは越前への移住を決意したとき、如浄の世界に自分を同一化しようとするひそかな想いを抱かなかったか。京都を中心とする客観的条件がしだいに悪化するなかで、道元の心はかえって北国の深山幽谷の彼方へと魅かれていったであろう。

決意がかたまったとき、かれの行動もそれに応ずる。仁治三年（一二四二）一二月一七日、かれは波多野義重の幕下にあった京都の六波羅蜜寺《ろくはらみつじ》で『正法眼蔵』「全機《ぜんき》」を大衆に示し、その翌寛元元年の四月二九日に、同じく六波羅蜜寺において「古仏心」を示した。そして同年七月七日、深草の興聖寺においては文字どおり最後の一巻「葛藤《かっとう》」が宣べられたのである。

こうして同月一六日ころ、道元は興聖寺を弟子の詮慧にゆずって越前志比庄に旅立つ。ときに道元四四歳である。

しかしわれわれは、ここでひとまず立ちどまらなければならない。なぜならこの旅立ちに先だって道元その人の胸の内に噴きあげていたであろう切実な想いにふれておかなければなるまいと思うからだ。それはなによりもまず、六波羅における波多野義重の陣営で説かれた「全機」にあらわれている。道元はこのとき、つめかけてきた武士たちに向かって説示している。死と背中合わせに生きている武士を相手に語っているのだ。「全機」とは「はたらき」ということだが、生のはたらきがそのまま死のはたらきと通ずることをいい、死のはたらきこそは大地と宇宙のはたらきそのものの現成である、ということを簡潔にのべている。「全機」は死そのものをテーマにして語られた一巻である。死は武士にとっては日常茶飯のことがらであったろう。

道元も、いまやかれら武士たちの棟梁《とうりょう》である波多野義重にいざなわれて、寒気きびしい北方の雪国におもむこうとしている。かれはその辺境の地を自分の終《つい》のすみか、すなわち修行の果てに死ぬべき土地であるとおもいさだめていたにちがいない。道元と波多野義重との邂逅《かいこう》の背景には、ひたひたと忍びよってくる動かしがたい死の観念がただよっている。

越前への旅立ちの直前、興聖寺で最後に説かれた「葛藤」は親しい弟子たちにたいする道元の毅然たる叱咤鞭声《しったべんせい》である。求法への死出の旅についてくるであろう弟子たちとの運命的な一体感を強調することによって、決死の修行をかれらに要請している。「葛藤」とは煩悩《ぼんのう》のかたまりのことであるが、師と弟子との関係も絶対にほどくことのできない「葛藤」なのだ。

こうして道元は少数の弟子たちとともに、明るい「生」を象徴する京都の地を離れて「死」の暗灰色のイメージとしてあらわれる越前の地へと旅立っていく。「葛藤」の説示が寛元元年七月七日、北国への出発がその一週間後である。かれらの一行が志比庄の吉峰寺《よしみねじ》に到着したのはその月のうちであった。

辺境の天地

吉峰寺に旅装を解いてまもなく、道元はそこから四里ほど離れたところにある禅師峰《やまし》の草庵におもむいた。ときに閏七月一日、北越に入ってからはじめての説法をそこでおこなった。『正法眼蔵』の「三界唯心《さんがいゆいしん》」の巻である。

「三界」とは全宇宙のことだ。それはわれわれの「心」と別のものではない。心が宇宙を鏡のごとく映し、宇宙は心を透明にする。つまり「三界」とはただ心のみである、というのが「三界唯心」だ。しかし道元はそのような考え方をたちどころに逆転させる。三界は心であるのではない。三界は心であるというのは伝統仏教の平凡な常識ではないか。三界は心によって認識されたり、とらえられたりするものではない。三界は要するに三界なのだ。三界が三界としてそのままにあらわれてくるとき、三界が心と同じだとか違うとかいうことにどれほどの意味があるのか、と道元はいう。だから三界という場面においては、ある機関（はたらき）が別の機関と出会って、その「はたらき」そのものが歴然とあらわれるのであり、また同じように葛藤（からまりあい）が人間と人間のからまりあいであろうと師弟のあいだのからまりあいであろうと、葛藤そのものとして現成する。このような三界の場面にいったいいかなる手を加えることができるというのか。人生とはおよそそういうものだ、とかれはいいきっている。

道元は越前においてあげた第一声のなかで、「機関」と「葛藤」という二つのテーマを「三界」の問題に関連づけて説いている。いうまでもなく「機関」は京都を離れる前に波多野義重の幕下で説いたテーマであり、「葛藤」は京都離脱の直前に興聖寺で説いたテーマである。この二つのテーマはかれにとっては想い出の深いものであったであろう。いまかれは、みたこともなかった北国に終《つい》のすみかを求めてやってきた。そこはいかにきびしい風土であろうと、いかに京都から離れた辺境の地であろうと、これからかれが生きていかなければならぬ唯一の天地である。その天地を離れては、かれの坐禅も仏法も存在しないであろう。みるものすべて珍しく、そして新しい越前の天地は、こうして道元にとってはかけがえのない「三界」である。「三界」は京都と辺境地との差別をもはや許さないであろう。日本国と中国との相違をものともしないであろう。三界は三界である。三界には無数のはたらきがあり、無限の葛藤があるだけだ。

道元はたしかに、そのように心を決していた。だがわたくしは、このときの道元の姿に孤独のかげりをみる。かれがこのとき真に対面していたのは、自分一人だけであったからだ。ただかれは、その孤独のさびしさと悲しさを嚙《か》み殺し、人しれず胸中にのみ下している。京都をついに追われてしまったという意識がかれになかったとはいえないだろう。だが道元は、他者によって追われる以前に、すでに自分で自分をこの深山に追放したのだという自負を持っていたにちがいない。自己を主体的に追放したという強い意識が、他者によって追われたというさびしい意識を嚙み殺している。かれは自分が孤独のまっただなかにいるということを最終的には認めないであろう。

道元の変貌

寛元元年七月に越前志比庄に落ち着いた道元は、このときから大仏寺（のちの永平寺）が建てられるまでの約一年のあいだ、吉峰寺と禅師峰《やましぶ》の草庵をかりそめの修行道場として、説法に坐禅に精力的な指導をおこなう。そしてこのわずか一ケ年のあいだに、あらたに三十余篇が説示され、北越時代における『正法眼蔵』撰述のほとんど大半ができあがったのである。異境の新天地に立ったばかりの道元が凛《りん》としてはりつめた気分の内に自己の使命を自覚し、その実現のために全身を燃えあがらせている姿がそこからは伝わってくる。

だがかれをとりまく現実の状況は、心理的にも肉体的にもきびしいものがあった。席をあたためているようなひまはかれには恵まれない。まず、吉峰寺と禅師峰の草庵は真言宗と天台宗の系統の寺院であったといわれ、道元にとっては仮りのすまいであったという以上に遠慮も気がねもしなければならない環境であった。しかも吉峰寺や禅師峰の東方には天台宗の名刹である平泉寺がひかえている。平泉寺は加賀の白山《はくさん》に発する古い山岳信仰圏の根拠地の一つでもあり、白山権現《はくさんごんげん》の別当寺として四隣一帯に圧倒的な勢力をふるっていたのである。道元は旧仏教の権威のふところ近く、ささやかな弱小僧団を作ろうとしている。まさに虎穴に入らずんば虎子をえずといった心境であったろう。正伝の仏法というかれ自身の立場からすれば、四周はすべて異端、邪教の徒の城砦によってめぐらされていた。

そして第二に、北国におけるはじめての冬の寒気が、かれの身心を骨の髄までさいなんだにちがいない。この年の一一月六日に、道元は『正法眼蔵』「梅華《ばいか》」の巻を大衆に示したが、その奥書に「深雪三尺大地漫々」であったと書き記している。周囲一面が深い白雪におおわれて、それがどこまでも続いている。『三祖行業記』によれば、この年の冬に義介などの門人が一日二度の食事を僧衆に給仕するのに、深雪の山道でいかに難儀をしたかということが記録されている。道元一門の共同生活が並みたいていのものではなかったことがわかるであろう。

だが道元は、いぜんとして弱音をはかない。三界はすでにかれの掌中にあるという自負を忘れない。周囲の状況の悪化は、かえって自己の根拠地を深く掘鑿《くっさく》するための好機でなければならない。かれはそう信じきっていささかも動揺するところがないようにみえる。

だがこの時期における道元の歩みを細かく追っていくとき、かれの思索のリズムと実践の方法には微妙な変調があらわれてくる。興聖寺時代の『正法眼蔵』の各篇のそれとは異なった音色が流れはじめるのである。

たしかに越前の道元は変貌しつつある。かれの世界はあたらしく求心的な磁場を形成しようとしている。

『正法眼蔵』の転調

さきに、道元は志比庄に入った寛元元年七月から大仏寺の開堂供養がおこなわれるまでの約一ヶ年に、三十余巻の『正法眼蔵』を書いたということをのべた。それによって、興聖寺時代のものと合わせて『正法眼蔵』の大半ができあがったわけであるが、これらの三十余巻の作品をよんでいくと、かれの考え方にはいくつかの変化と特徴がみいだされる。ここではそれについてまとめておこう。

第一の特徴は、中国宋朝禅にたいする批判である。それは主として、自分の正師であった如浄の古風禅以外のものにたいする批判として展開されているといってよく、とりわけ臨済の禅風にたいするものが手きびしい。この問題についてはさきにもふれたが、とくに「密語」、「無情説法」、「仏経」、「見仏」などの巻においてかれの舌鋒のするどさをうかがうことができるであろう。

第二の特徴は、宋朝禅批判の内容に関する問題である。それに二つある。一つは、当時中国の禅界において三教一致ということがさかんに唱えられていたが、これにたいする批判である。すなわち仏教と儒教と道教の三教には、それぞれ三様の存在理由があり、それらは結局は一つの宗教的真理をめざしているという主張である。道元はそのような考え方は仏法とはなんの関係もない、たんなる折衷主義の産物だという。第二のものは、同じく一方の禅界でしきりに説かれていた教外別伝(または不立文字)の立場であり、これにたいする批判である。教外別伝の主張というのは、真の仏法は文字によって書かれた言教に存在するのではなく、ただ心と身によって受けつぐべきものだとする立場である。この立場はまた、仏法を説くのに別に文字を立てないというところからその主張の眼目を「不立文字」ともいう。そして道元はこのような見解をも一方的な独断論にすぎないといってしりぞけている。右のような三教一致派や教外別伝派にたいするかれの批判は、「仏教」、「仏経」、「諸法実相」などの巻にあきらかにされている。

第三の特徴として、出家者と在家者とを峻別し、出家至上主義を積極的に前面に押しだしていることをあげることができる。インド仏教いらいくり返し説かれていることだが、たとい戒律を守らない僧であっても、このような僧の価値は戒律を守っている在家者よりもはるかにすぐれていると いう考え方である。いわゆる、破戒、無戒の比丘《びく》（僧）といえども持戒の在家にすぐれる、という論法だ。道元はこの出家者尊重の立場を強調して、仏道という大義名分のもとに出家と在家を同一視しようとする態度をかたくいましめているのである。古来、在家信者のすぐれた典型として維摩《ゆいま》居士《こじ》の例があげられるが、維摩と釈迦とを同一視するなどもってのほかのことであるといっている。このように出家者を第一とする考え方は、この時期における諸巻のどこにも顔をだしているのであるが、とりわけ「三十七品菩提分法」の巻においていちじるしい。興聖寺時代の道元が在家者や女人にたいして示していた柔軟な態度は、ここではみじんもみられないのである。

こうして第四に、道元はふたたび天童如浄へのひたむきな憧憬、如浄のもとで艱難辛苦した時代への熱い回想へと身をすべりこませていく。真の古仏と邂逅できた黄金時代への自己同一の感情であるが、このような心情は現実の自己のおかれている状況が困難であればあるほど、純粋な炎となって燃えあがるであろう。かれは「諸法実相」の巻のなかで、深夜如浄の室に入って焼香礼拝したときの感動を生き生きと再現してみせるのであり、「梅花」の巻においては、「先師古仏（如浄）、すでに宋朝をさりぬ。暗夜よりもくらからん」といってその死を痛惜し、先師のごとき古仏は古今の歴史に登場することがなかったというのだ。また「仏道」の巻はさきにものべた臨済批判の巻でもあるが、真の禅風は如浄によって打ち立てられたことをのべ、禅宗と称したり、達磨《だるま》宗、仏心宗と称したりして、自分の宗派を宣伝しようとするエゴイスティックな態度を否定している。こうして如浄という存在こそは、道元が他を批判するときにはいつでも依拠する変わらざる原点であったのだ。

永平寺を開く

吉峰寺時代の一年間は、新しい困難な土地に自己と一門を適応させるために瞬時も気持ちをゆるめることのできない緊張にみちた期間であったといえる。そしてこのような緊張感は、出家というものの生活を理想的なものにするにはどうしたらよいのかという反省をかれに強いた。この反省から、吉峰寺時代の終幕を飾る一篇が成った。寛元二年（一二四四）三月二一日に撰述された『大己五夏《たいこごげ》の闍梨《じやり》に対する法』がそれである。この一篇の説示があってまもなく大仏寺（永平寺）の上棟式がおこなわれ、その三ヶ月後には開堂供養がおごそかに修せられるであろう。

宗教共同体の理想像

「大己五夏の闍梨」とは修行をつんだ長老のことで、これらの先輩僧にたいする敬虔な態度と絶対の服従を細かく規定したものである。まず先輩僧の面前にあるときの服装、立居振舞い、身だしなみ、についてである。たとえば、立ったままあるいは手を垂れたままで対してはならない、かゆいところをかいたり、しらみを拾ったりしてはいけない、鼻をすすり、つばきをし、楊枝《ようじ》を使い、口をすすいだりしてもいけない、といった工合である。また長老の前では、声高に経を続んではな

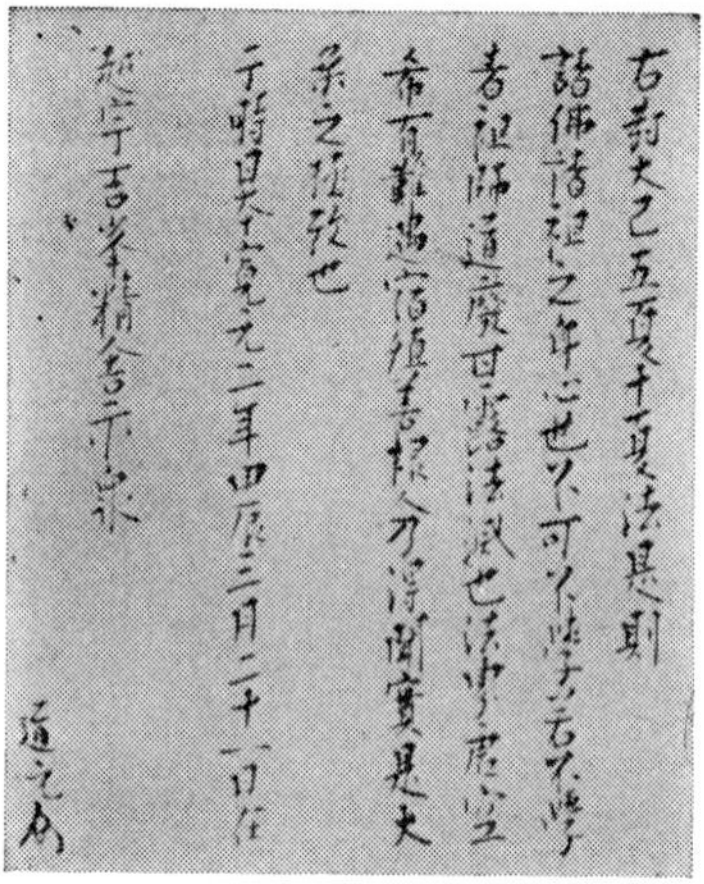

「対大已五夏闍梨法奥書」（道元真筆）

らず、同輩の者とたがいに礼をしてはならず、他人の礼も受けてはならず、無用の戯論、雑談は一切つつしみ、頭をそり、爪をきり、衣服を変えるようなこともしてはならない。睡眠、食事、洗浴もすべて先輩僧のあとにしなければならないし、食事のさいは先輩僧よりさきに食べ終わってもいけない。

これらの規則は全部で六二を数え、日常生活のこまごまとしたことがらに神経質なまでに慎重な態度を要求してうむことがないのである。『正法眼蔵』の「洗面」や「洗浄」の巻において道元がどこまでも清潔な作法を求めたことはさきにものべたが、ちょうどそれと同様の潔癖な倫理的態度を先輩僧にたいして示すべきであると説いている。出家という存在は、自分の身体行動にたいしては瞬時も油断することなくきびしい監視の眼を向けていなければならない。それは在家者などのとうてい模倣しえざる反世俗的な身の処し方であるといわなければならないであろう。

道元はこの法規集をしめくくるにあたって、長老僧にたいする一つひとつの規則こそがすなわち「諸仏諸祖の身心」そのものであり、大乗仏教の極致であるといっている。行住坐《ぎょうじゅうざ》臥《が》のうちにこのような方針で先輩僧にのぞむことは、それがそのまま仏祖の生活を学ぶことなのだというのである。

わたくしは、越前の山中にこもって弟子たちを指導している道元の生き方が、あの常陸の田舎において「親鸞は弟子一人ももたずさふらう」(『歎異抄』)といって暮していた親鸞の生き方とあまりにもかけはなれていることに、卒直にいって驚く。親鸞は自分と信徒とのあいだの関係が、同じ信仰にもとづく同伴者の関係なのだということをくり返しのべた。これにくらべるとき道元は、師と弟子、修行上の先輩と後輩のあいだには、弟子や後輩の側からの敬虔な態度と信従にもとづいて形成される秩序があるべきだと考えたのである。それが道元の構想した、厳密な意味における宗教共同体の理想像であった。いまその問題に深入りすることはできないが、ともかくも、親鸞が常陸の農村にあって平俗な在家主義に傾いていったのにたいして、道元が越前の山地において孤高の出家主義へ突入していった対照性をわたくしは面白いと思う。

『弁道法』の制作

寛元二年(一二四四)七月一八日、道元は吉峰寺から新装なった大仏寺に移って、法堂の開堂供養をおこなった。続いて一一月には僧堂ができあがる。だが、このころから『正法眼蔵』の執筆の回数は減少していく。道元の関心がしだいに他に移っていったからである。法堂と僧堂が完成し、門弟も増加し、在俗の男女も周囲に集まるようになった。

道元はあらためて教団の規矩をさだめなければならぬ状況に直面している。説法の場面で出家者の心得を説くだけでは、もはや不十分な事態が生じつつあった。かれは自分の理想とする宗教共同体をこれ以後きずきあげていかなければならない。

翌寛元三年、道元はすでに四六歳である。余命はあと八年しかのこされていない。かれはいかにして自己の晩年を完成しようとするのか。

この年の三月になって道元は、大仏寺ではじめて『正法眼蔵』の続篇に手をつける。すなわち「虚空《こくう》」と「鉢盂《ほう》」の両巻がそれである。吉峰寺時代のものにくらべて基調に変化はみられないが、中国留学時代に天童山できいた如浄の説法がかれの耳底によみがえり、そのことを両巻に書きとどめている。環境が変化するたびに、先師如浄をしのぶことによって再出発への決意をあらたにするという習慣が、このときにもあらわれたということができる。それはほとんど無意識のうちにかれの体の全体にしみこんだ、第二の性格になってしまっている。

だが、「虚空」や「鉢盂」は小篇であり、道元の全力が投入されて成った作品ではない。むしろこのころかれが関心を注いだのは、禅堂内における坐禅修行のあり方であり、僧衆の生活態度についての規定であった。そしてそれが『弁道法』の制作となって実現したのである。『弁道法』は前年の『大己五夏の闍梨に対する法』の精神を受けつぐものであり、またこの一年後に撰述されることになる『日本国越前永平寺知事清規』の前提ともなるべき作品であった。右の三篇はいずれも、坐禅を中心とする独自の宗教共同体を作りだそうとする点で共通しているといえる。

『弁道法』は修行僧の行住坐臥のあるべき姿を規定し、坐禅の方式をさだめ、喫茶喫飯、洗面、洗浄にいたる身体的なたしなみを厳密に規定したものである。蒲団《ふとん》や袈裟《けさ》のたたみ方や処理の作法（摺被《しゅうひ》、搭袈裟《たっけさ》、襞袈裟《へきけさ》）などは例によって例のごとくであり、休憩時間の過し方（放参）などにも言及して用意周到である。

『弁道法』は修道者の生活を型によって整えようとする方法で一貫している。坐禅もまた型から入り、型に没入することを重視する。道元の人生はつねにその一点を離れることがなかったが、このような行き方は当然、法堂や僧堂における儀式や作法についても細心の神経をゆきわたらせることを要求する。そもそも道元には一種の作法信仰のようなものがあるのだが、それは「安居《あんご》」にたいする考え方の内にもあらわれている。安居とは、四月（一六日）から七月（一五日）までの九〇日間を僧堂にこもって坐禅弁道に没頭する修行会のことである。これを道元は中国の伝統にならって「結夏安居《けつげあんご》」といい、寛元三年四月に新装なった大仏寺ではじめておこなったのである。

そしてこの安居の期間中すなわち六月一三日に、かれは『正法眼蔵』「安居」の巻を撰述して大衆に示した。これは他の諸巻にくらべても、内容、分量ともに重量感のある一大雄篇である。先師如浄の法話を冒頭にかかげて、「安居」こそは仏仏祖祖と一体になる絶好の機会であることをのべ、安居会の意義、僧堂における修行僧の序列、職務分担、各種の儀礼の内容説明と式次第、等

永平寺山門

等、三ヶ月にわたる共同生活のあるべき規矩を一つひとつていねいに説明している。道元の几帳面な性格がにじみでている文章であり、僧堂生活に賭けているかれの情熱の炎がふつふつとたぎっている言々句々であるといえよう。

僧団の統制

やがて年が明けて寛元四年（一二四六）、その六月一五日に道元は大仏寺を永平寺とあらためた。仏教が中国に伝えられたのが後漢の明帝永平十年（六七）とされていたが、道元はその「史実」をもって自己の仏法伝道の再出発に擬したということができよう。その自信と決意は天をも衝く勢いを示したが、それからまもなくして『日本国越前永平寺知事清規』一巻を撰述することになる。これはいってみれば永平寺僧堂の幹部心得である。指導的僧侶を養成し、かれら幹部の職務分掌をさだめ、もって僧院共同体を統制せんとする典範（手引き）であった。その意味では『大己五夏の闍梨に対する法』の考え方から引きだされる当然の帰結であったということができる。

『永平寺知事清規』にいう知事とは僧院の幹部のことであり、それに都寺《つうす》（事務長）、監寺《かんす》（事務次長）、副寺《ふうす》（会計係）、維那《いのう》（儀典係）、典座《てんぞ》（食事係）、直歳《しっすい》（庶務係）の六つの役職がある。道元はこれらの役割の意義と職務の内容を、インド、中国における仏仏祖祖のエピソードを点綴《てんてい》しつつ具体的にあきらかにしていく。その意味ではこの『永平寺知事清規』はたんなる無味乾燥の幹部心得なのではない。それはすでに中国の禅林で制作されていた『百丈清規』などの影響下に生みだされた規律集であったが、その眼目はいうまでもなく規律の遵守によって仏仏祖祖と同一の世界に参入することにおかれていた。規律を通して仏仏祖祖の生身の肉体にふれようという方法である。そしてこのような「清規」の考え方が、なによりも道元その人の気質に合致していたことを忘れるべきではない。儀礼や作法にたいする道元の関心の強さは、修行僧間の規律と序列を重んずる姿勢と不可分のものであった。

禅の修行者は指導する者もされる者も、単独者としての「一箇半箇」（少数者）に還元されなければならないのであるが、しかしこの「一箇半箇」は、ひとたび集団を成すとき単独者としての純潔と無私の精神を失う危険に直面するであろう。それをできるだけさけるために、道元は「清規」の伝統を活用しようとした。かれはたんなる理想主義的な観念家であったのではない。道元の峻烈ともいうべき禁欲主義もしくは出家主義のうちには、人間の弱さやエゴイズムにたいする現実的で冷悧な洞察がはたらいていたのである。

しかし『永平寺知事清規』が書かれた寛元四年は、さきにもふれたが『正法眼蔵』の制作という点ではまったくの不作の年であった。説くべきことはほとんど説いてしまったという、道元の自足の姿をそれは示すであろうか。それとも、かれ自身の考え方にある変化が生じて、その思索の変更がさらにあたらしい転機を求めていく過程をそれは暗示しているのであろうか。そのいずれとも判断する材料はわたくしの手元にはないが、ともかくも大仏寺が永平寺と改称されたこの年に、ほとんど『正法眼蔵』が執筆されていないのは不思議な現象というほかはない。あるいはこの不思議な現象の秘密を解く鍵は、この年九月一五日になってようやく制作された『正法眼蔵』「出家」の巻のなかにひそんでいるのかもしれない。これは簡潔な短文であるが、『正法眼蔵』全巻の執筆年時という点からいえば、その最後の時期に書かれた文章である。事実、この「出家」の巻はのちになって編纂されたいわゆる『正法眼蔵』七五巻本の、最終尾を飾る巻となっている。

そうだとするならば道元は、寛元四年に『永平寺知事清規』を制作して禅堂の秩序統制の範を示した年をもって、『正法眼蔵』制作の筆をひとまず折ったということになるであろう。すくなくとも形式的にはそうなる。そして『正法眼蔵』執筆の最後の意欲を、ほとんど一瞬の閃光のように発したのが「出家」一巻であったということになる。

「出家」と「清規」

寛元四年において『正法眼蔵』の執筆が極度に減少したということを、いまのべた。それが道元の自足の姿を示すか、それとも思索の転換を意味するのかはにわかに決定できないが、道元はともかくもこの問題にたいしては「出家」一巻を書くという形で解答したのである、とわたくしは思う。その意味で「出家」の文章は重要である。それはあるいは、北越入山以後の道元とその人生を要約する文書であるかもしれない。

ところがである。この「出家」の巻の短文のなかで道元がいっていることといえば、出家の至上、という一事に尽きるのだ。一切の仏法は出家によることなくして現前しえないことを、簡潔にのべるだけである。出家の破戒が在家の持戒よりもすぐれたことをのべ、出家受戒の絶対の優位を説いて筆をおいている。その語り口はいかにも素っ気なく、文章のリズムもまた凡庸だ。

京都を去っていらい、いつも道元の胸中に去来して離れることがなかったのが出家主義のテーマであるが、それはしだいに増幅していき、ついに道元の全体をおおってしまっている観がある。すくなくとも「出家」の巻によるかぎりそうみるよりほかはない。——だが、はたしてそうか。ことはそれほどに単純であるのか。

道元は、いまこのとき、人生の危機に立ちすくんでいるとわたくしは思う。それはいったいどのような危機であるのか。くり返すようだが、さきにみた『永平寺知事清規』の文章のはしばしには、伸びやかな力強い自信が躍っていた。ところがこれにたいし、「出家」の巻にはうるおいの欠如したことばと勢いの衰えた散文がならべられているだけなのはいったいどうしたことであろう。論理的にいえば「清規」と「出家」は同じ理念を志向する文章であるはずだ。そこには僧院における出家主義の強調という共通のテーマが流れているにもかかわらず、そのでき栄えは正反対になっている。

おもえば『正法眼蔵』「出家」の巻は、道元の信仰告白の書ではないか。そもそも『正法眼蔵』の全体がそうであったはずだ。それなのに「出家」の信仰告白はいかにも弱々しい。むしろ「清規」の各条項にこめられた冷静な洞察力のほうに不思議な迫力があり、底光りを放っている。右のこのような対照は、『正法眼蔵』を執筆する意欲の減少と僧団規律へのはげしい執念ということの反映ではないであろうか。もしもこうみてさしつかえないとするならば、北越入山後の道元はようやくにして人生の大きな転機を迎えようとしていることになる。それは転機というより危機といったほうがよいかもしれない。

秋重義治氏によると、大仏寺を永平寺に改称する前後の時期に、道元が上堂して説法する回数がにわかに多くなったという（「永平広録考」、『九州大学哲学年報』第一九輯、昭和三一年所収）。とりわけ改称した寛元四年の一年間には、五・六日に一度の割合で上堂普説《ふせつ》をしている。上堂とは法堂にのぼること、普説とは『正法眼蔵』の示衆によらずにおこなわれる説法である。このことからすれば、道元は『正法眼蔵』執筆の回数を減らしたかわりに大衆にたいする直接的な教化活動をふやしていったということになろう。だがよりいっそう重要なのは、このときに大衆に向かっておこなわれた教化活動の内容のほうであるにちがいない。

出家か在家か

永平寺時代に道元の門弟、信者がどの程度の規模であったか、とぼしい現存資料からあきらかにするのはむずかしい。だがたとえば大久保道舟氏によると、直接道元について教えを受けていた人びとは、嗣法門人、伝戒門人、参学門人、および一般の信者を合わせて、およそ五〇人ばかりであったという（『道元禅師伝の研究』二四一〜二五八頁）。嗣法門人とは道元から法をついだ者で懐弉ひとりがこれにあたる。伝戒門人とは戒を受けついだ者で、四人。参学門人とは道元から法も戒も受けないが、より自由な形でその教えを受けた者で、これが全部で二八名。以上はすべて出家僧であるが、最後の一般信者は波多野義重をはじめとして十余名である。

以上は文献によって何とかたどれる数であり、大久保氏はそれらを合して約五〇人ぐらいと推定しているわけである。しかしみられるようにこれではいかにも少数の集団である。実数はこれを上廻ったであろうと思われるが、それにしてもその教勢は微々たるものだ。京都とちがって雪国の辺地には、訪れる人もまばらであったであろう。しかも伝統のない土地に鍬《くわ》を入れたばかりの時期である。

一箇半箇

むろん道元における坐禅弁道の本質は一箇半箇（少数精鋭）を相手にして

教化説得することにあり、門弟の多数を誇ることにあったのではない。それは如浄いらいの伝統でもあった。それならば、わずか五〇人内外の門弟たちに向かって、道元はなにゆえに『永平寺知事清規』のごとき著述に情熱を傾けなければならなかったのか。それはけっして一箇半箇のための伝道の書ではないであろう。むしろ教団形成のための組織論とでもいうべきものだ。面授する師弟の関係を本質的に規定する一箇半箇の精神と、このような組織論とはほんらい矛盾するものではないのか。伝道の書と戦術・戦略の書とは、道元の胸の内でなんらの摩擦も生ずることなしに共存することができたのか。

さきにものべたように、この年の九月一五日に道元は「出家」の巻を大衆に示している。この一巻はたとい短篇であろうともまた緊張を欠く文章であろうとも、あきらかに一箇半箇としての出家の理想型を説いたものであり、まぎれもなく伝道の書であった。だがこの伝道の書は、質・量ともに同じ年の制作である『永平寺知事清規』の迫力に遠くおよばない。戦略・戦術を奥底深くしのばせる組織論のそれの比ではない。

この時期における道元の内面の秘密をのぞきみるうえで、右のことがらは重要である。資料上の明証はないけれども、このころ徐々にではあれ、門弟の増加するきざしがあったのではないかとわたくしは思う。新来の門弟のなかにはもちろん在家者もふくまれていたはずである。そしてこのような門弟増加の情勢にたいして、それを積極的に促進し、またかれらに強くはたらきかけようとする意欲が道元の側にしだいに高まってきたのではないか。もしもそうだとするならば、単独者（一箇半箇）の連合体であった原始僧堂は、いまやあらたな展望のもとに統制機構を完備する組織論によって武装されなければならないであろう。道元が『永平寺知事清規』の制作に精魂を傾けた背景を、わたくしはそのように解しておきたいのである。もちろん「清規」の精神は中国禅林の伝統によって育まれたものだ。その伝統を、いま道元はわが国において継承しようとしている。それは本質的に門弟の多寡にかかわらないものであったであろう。しかし現実の宋朝の禅林は、まさに秩序統制の名をかりた官僚機構において世俗化し、堕落していた。「清規」は教団の権威主義体制をたんに合理化する条文に堕していたのである。そしてなによりもそのような教団的状況に反撥しこれを批判したのが道元その人ではなかったのか。

その道元が、いま変貌しつつある。単独者としての道元は出家者の原理を堅持しつつも、しかし確実に永平寺教団の拡充という方向に意欲を燃やしはじめている。かれの内部には、相反する二つのものがからまり合って渦をまいている。この危険な渦は方向をすこしでもあやまれば、如浄から継承した正伝の仏法をたちまち裏切ることになるであろう。そのことを誰よりも自覚しているのが道元である。

そういう道元が、北越の辺境の地から一方では京都を他方では鎌倉を注視していたとしても、それはむしろ自然である。京都では円爾弁円が東福寺にあって宮廷や貴族と密接に交流し、鎌倉では栄西いらいの門流が幕府をはじめとする有力な武家たちに庇護されていた。京都も鎌倉もともに臨済系の勢力下にある。そして臨済の禅を、道元は北越入山以後くり返し非難してきている。

それにしても道元は、すでに自己の内にはげしく噴きあげてきている意欲をもはや押しかえすことはできない。そのうえ教団の拡充と世俗へのかかわりという問題は、おそらくたんに道元の側だけの問題ではなかった。永平寺の大檀越《だいだんおつ》（有力な信者）、波多野義重など在俗信者たちからの要請もあったとみなければならないであろう。

寛元四年は、こうして暮れる。「永平寺」の誕生をみた記念すべきこの年に、道元はその生涯においてはじめて経験するであろう葛藤と不安のなかにいる。かれはこの危機の時代をどのようにしてのりこえようとするのか。

明けて寛元五年（一二四七）は、道元四八歳。この年二月に年号は宝治とあらたまる。そして、この宝治元年八月、道元ははるか東海のかなたにかすんでみえる鎌倉に向けて旅立つ。越前に入山してからすでに四年、かれは意を決し、ほとんど跳躍するような気持ちで国家権力の中枢部へと歩をすすめていく。

Ⅲ　国家と死のはざまで

――苦悩の時代――

鎌倉への下向

北条時頼と会う

道元は、この時期になぜ下向したのか。直接的には鎌倉幕府の執権北条時頼が招いたからであるという。『三祖行業記』や『建撕記』などの伝記にはそう書いてある。だがもちろん、道元はたんに時頼から招かれたから鎌倉におもむいたのではないだろう。さきにもふれたように、道元自身の側にすでに「世俗」に向かおうとする心の動きがあったからである。だから時頼からのはたらきかけにたいして、道元の主体的な意向が呼応したのであるといってもよいだろう。

『随聞記』第二によれば、興聖寺時代の道元はある人から仏法興隆のため関東へ下向したらどうかとすすめられたという。だがかれはこの申し出を一蹴した。そして宝治元年、四八歳の道元はこのときとはあきらかに違った考えをもっていた。

大久保道舟氏によれば、時頼の招きに道元が応じた背景には二人の人間が仲立ちとなっていたのではないかという。その一人はいうまでもなく波多野義重である。かれは『吾妻鏡《あづまかがみ》』の宝治元年一一月一五日の条によると、幕府の鎮守《ちんじゅ》である鶴ヶ岡八幡宮の放生会《ほうじょうえ》にその先陣をうけたまわる随兵の一員として参加している。だから道元が下向した当時、義重は鎌倉に居住していた。もう一人は鎌倉光明寺《こうみょうじ》の開山であった良忠上人《りょうちゅう》である。良忠は経時《つねとき》・時頼《ときより》など北条一門の帰依を受けていたが、それ以前にかれは道元の門に入って参禅の指導を受けていたのであった。

こうして道元を時頼にとりもったという点で、義重と良忠の二人はまたとない人物であったということになる。

ところがここに、一つの重大な疑問がある。道元はこのとき、幕府の最高権力を掌中にしたばかりの時頼といったいいかなる話をしたのかという疑問である。もしもこのときの会談の内容があきらかにされるならば、道元が鎌倉への下向を決意した真の動機もあきらかになるであろう。そればかりではない。道元にたいする時頼の期待の中味もあきらかにされるにちがいない。だがまことに残念ながら現存する資料からは、このときの二人の会談内容をときあかす積極的なデータは何ひとつ見いだすことができない。道元による鎌倉下向という問題がこれまでにさまざまな人びとによって議論されてきた理由がそこにある。

なかには後世の資料によって、このとき道元は政治の実権を天皇に返すという、いわゆる「大政の奉還」を時頼に進言したのだという意見がもちだされた。だが今日では、このような見方が否定されていることは

北条時頼像（鎌倉 建長寺蔵）

いうまでもない。

下向の動機

いまわたくしは、道元と時頼の会談の内容を推定するための積極的なデータは何ひとつないといったが、しかしだからといって消極的な手がかりまでがまったく存在しないというわけではない。すくなくとも二種類ほど、問題解決の手がかりになるようなデータがある。その一つが、時頼の求めに応じて作ったといわれる一〇首の和歌である。「宝治元年相州鎌倉に在りて最明寺道崇《さいみょうじどうすう》禅門（＝時頼）の請により」と題した一〇首がそれで、これはのちに編まれる道元の歌集『傘松道詠《さんしょうどうえい》』のなかにおさめられている。

たとえばまず、一般によく知られている歌。

春は花夏ほととぎす秋は月
　冬雪さえてすずしかりけり

この一首には「本来の面目を詠ず」という詞書きがある。人生と自然の真実は、春夏秋冬という季節の変化のうちにそのままあらわれている。

つぎに、「教外別伝」と詞書きした一首。

荒磯《あらいそ》の浪もえよせぬ高岩に
　かきもつくべき法ならばこそ

浪のしぶきさえもがとどかない高い岩に、牡蠣《かき》がつくはずもない。それと同じように仏法も、どこか高いところにれいれいしく文字を書きつけて伝えるようなものではないであろう。「かき」は「牡蠣」と「書く」にかけている。

また、「不立文字」をテーマにした一首。

謂《いひ》すてし其言葉の外《ほか》なれば
　筆にも跡を留めざりけり

これも右の「教外別伝」の一首と同工異曲の歌である。本来の仏法は言葉のなかにはない。筆の跡などに真理の断片すらも宿ることはないといっている。

以下このようにして、道元は「悟道」、「即心即仏」、「行住坐臥」、「正法眼蔵」、「涅槃妙心《ねはんみようしん》」などのテーマを三一文字の歌にしていく。いうまでもなく、ただ歌のために歌を作っているのではない。詩心のほとばしるところ、詩の美神に心を奪われ、それに殉じているのでもない。道元は仏法の極意を詩の形で伝えようとしているだけだ。それを釈教歌という。最澄や慈円などの先輩僧たちの多くが、それを歌ってきた。だから道元もその伝統を継承しているにすぎない。

しかし残念ながら、時頼の求めに応じて作られたというこれらの歌から、道元と時頼とのあいだにかわされた対話の内容をよみとることは困難である。禅の境地についての一般論はそこに暗示されているが、人間的な思考の交流がそこから立ちのぼってくることはない。とするならばわれわれ

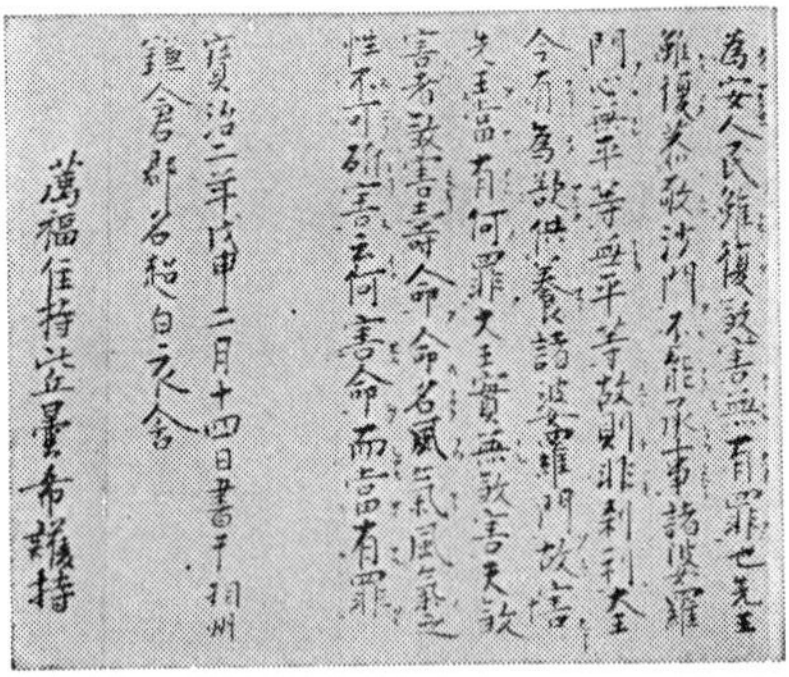

「名越白衣舎示誡」(伝懐弉筆)

は、この第一の手がかりによって鎌倉における道元から何ごとかを期待したり嗅《か》ぎだしたりすることをあきらめなければならないであろう。

それならば、この二人の会談の性格を解くための第二の手がかりというのは何か。これまで「鎌倉《かまくら》名越《なごえ》白衣舎《びゃくえしゃ》示《じ》誡《かい》」として知られてきた文書がそれである。従来の多くの道元伝研究で、この文書の存在にふれないものはなかったといってよいが、しかしこの文書の重要性を指摘したものはほとんどなかった。だがわたくしは、この「白衣舎示誡」の文書をきわめて重要な記録であると考える。それは道元の「晩年」を理解するうえでは、決定的に重要な意味をもつ文書であるとさえ思う。もちろん道元による鎌倉下向の動機も、そこには隠されている。のみならず道元が時頼に語ったであろうことばのはしばしまでが、眼前に浮かびあがってくるようにわたくしには思われるのだ。以下そのことについて、やや立ち入って検討してみなければならない。

「鎌倉名越白衣舎示誡」文書の重要性

『建撕記』によれば、道元は宝治元年八月三日に鎌倉に向けて出発している。前記の大久保氏によれば、現地に着いた道元は、鎌倉の東南に位置している名越《なごえ》におもむき、その地の白衣舎《びゃくえしゃ》という館に旅装を解いたという。この白衣舎については、北条氏の別荘の一つであるとする見方と、波多野義重の別邸であるとする見方がある。そのいずれであるにしても、時頼の求めに応じて下向したのであるからには、道元はそれ相応の礼譲をもって迎えられたであろう。

道元は自分の宿舎であるこの白衣舎において、『大般涅槃経《だいはつねはんぎょう》』第一七巻にあるほんの一小部分を筆写している。それが「白衣舎示誡」といわれるものだ。宝治二年（一二四八）の二月一四日に、鎌倉の白衣舎で書写したという識語《しきご》（あとがき）があるから、おそらく時頼と会談したあとの時点で書き写されたものと推定される。この文書は道元の自筆文書ではないが、福井県宝慶寺の第三世曇希《どんき》（永平寺第六世）が伝えた由緒正しい写本である。したがって今日では、宝治二年に道元が『大般涅槃経』の一節を書写したことはほぼたしかな史実とされ、『道元禅師全集』下巻（筑摩書房、昭和四五年）の「法語」の部にも載せられている。したがってわたくしもまた、この史実から出発しなければならない。

みてきたようにこの文書（以下「白衣舎示誡」と略称する）は、その全文が『大般涅槃経』からの部分的な引用であって、そこに道元自身のことばはひとつもふくまれていない。道元自身の意見は何ひとつ記されてはいないのである。それならば道元は、白衣舎に滞在しているとき、筆のすさびにただ漫然と経典の書写をおこなったのであろうか。わたくしはそうは思わない。このとき書写された経典の内容は、道元が時頼と対話するときにもちだされたのではないかとわたくしは思う。それは時頼にたいする道元の「法話」の根幹をなす材料であったのではないか。そういう重要な内容がそこにはふくまれていたがゆえに、道元はそれを白衣舎においてあらためて書写し、そして後世の弟子がそれをさらに筆写して護り伝えたのではないか、と思うのである。

もしもそうであるとするならば「白衣舎示誡」という文書は、たとい全文が『大般涅槃経』の引用であっても、道元自身の感情と思想がそこに託されていると考えなければならない。それは道元自身のことばで書かれてはいないが、かれの想いがその引用文の言々句々の底にはげしくほとばしっていると想定して誤りではないであろう。しからば、道元が鎌倉において心をこめて書写した『大般涅槃経』とは、そもそもいかなる経典であるのか。

釈迦が入滅したあと、かれの説いた「法」はいかにして後世に伝達されるのか、という課題を正面から論じた経典が『大般涅槃経』である。具体的にいえば、釈迦の説いた「法」によって、後世のわれわれは救われることができるのかどうか（成仏できるかどうか）、という問題を論じたものだ。そして究極的にわれわれ一切の人間は成仏できる、と主張している。それを「悉有仏性《しつうぶっしょう》」（一切のものに仏性がある）という。「悉有仏性」であるからには、たとい父母を殺し、仏法を非難中傷するような極重の悪人でも「仏性」があり、救われるということになる。このような「極重の悪人」のことを「一闡提《いっせんだい》」といい、それが救われることを「闡提成仏」という。

要するに『大般涅槃経』は、どんな最低の悪人でも最後には救われるということをいろいろな方面から論証しようとした経典であるといってよい。

『涅槃経』の証言性

さてインドの古代史のなかで、とりわけ阿闍世王《あじゃせ》の逆害の話は釈迦時代に発生した出来事としてよく知られている。中インドはマカダ国の阿闍世王子が父王を殺し、母親の韋提希《いだいけ》夫人を獄に幽閉して王位をついだという事件である。のちに阿闍世王は釈迦の教えによって改悛し、仏弟子となった。この物語は父親殺しという大罪悪を犯した人間でも成仏できるということを示すもので、右にのべた「闡提成仏」の典型例とされ、『大般涅槃経』にも採りいれられたのである。この経典によると、話の筋の展開は、ここからさきさらに劇的になっていく。父王を殺した王子は、自分が犯した罪の恐ろしさにおののき、六人の大臣のところにいって、心の悩みを訴える。大臣たちはいずれも、父王を殺してもけっして罪にはならないといって阿闍世をなぐさめる。だが、かれの心はなぐさまない。大臣たちの詭弁《きべん》めいた阿諛追従《あゆついしょう》のことばは重罪におののく人間の心をいっこうにしずめることができないからである。最後にかれは名医として知られた耆婆《ぎば》大臣のところにいき、その手びきによって釈迦の教えをきく。そのかれに、やがて精神の平安が訪れる。

道元が鎌倉の宿舎でひそかに『大般涅槃経』をひもとき、そのなかから選択して書写した文章が、じつは右の阿闍世逆害の部分であった。しかもその引用箇所は慎重にえらばれている。それは阿闍世逆害の物語全体を首尾一貫して再現しようとしているのではない。部分的に摘出して、それをならべている。だが不思議なことに、道元が慎重にえらんだ部分というのは、阿闍世が六人の大臣のもとにおもむいてその詭弁めいた阿諛追従をきく場面だけなのである。阿闍世による逆害の行為、そして最後に釈迦によって成仏せしめられる回心の部分には道元の筆はおよんでいない。これはいったいどういうことか。道元が阿闍世と六人の大臣との対話にのみとくに関心をもったということには、はたして何らかの重大な理由が存するのか。さしあたり、この対話の部分をもうすこしくわしく観察してみることにしよう。

阿闍世はまずはじめに月称《げっしょう》という大臣のところにいく。大臣はいう。王のいわれるような罪を犯した人間はかならず地獄におちると世間ではいうけれども、それはたんなる机上の空論にすぎない、と。

つぎの大臣である蔵徳のところにいくと、かれはいう。王の守るべき法（王法）と出家者の守るべき法（出家法）とは違う。王が父を殺して即位するのは当然で、そのことによってその王は罪におちることはない、と。

三番目の大臣実徳《じっとく》のところでは、人間の行為は前世の業によってなされるものであるから、人を殺しても罪にはならない、といわれる。

四番目の大臣悉知義《しっちぎ》は、かつて父を殺して即位した王の事例をいくつもあげて、かれらはすべて地獄におちなかったといって阿闍世をなぐさめる。

つぎの大臣吉徳《きっとく》は、地獄が現実にはどこにも存在しない想像上の世界であることをいい、一切のものは無常であるから、「殺」も「死」もたんに消滅していくものにすぎない。だから人を殺しても罪にはならない。鎌で草を刈ったとして、その鎌に草殺しの罪があるだろうか、という。

そして最後の大臣無所畏《むしょい》のところでは、そもそも武士（王種）というものは国土や僧を守るために政治をおこなうのであるから、そのために父王を殺したとしても罪におちることはない、という。

以上、道元の「白衣舎示誡」は六人の大臣による「証言」を列挙するだけに終始して、尻切れとんぼのまま中断している。さきにものべたように阿闍世物語に関する前後の部分はすべて省略されている。

いったい道元は、右の六人の大臣の発言を書き綴ることによって、何を考えていたのであろうか。何をいおうとしていたのであろうか。当時の、道元をとりまく諸状況を考慮しないでこれをながめると、どうも道元はこの六人の大臣たちの発言をつぎつぎとくり出すことによって、殺人を仕事とする武士階級にはもともと殺人罪は成立しないのだ、ということを証明しようとしているかにみえる。武家の「法」と出家者の「法」とは次元を異にし、武家の法は殺人を前提にせざるをえないのだという論法が全体をつらぬいているようにみえる。

道元は時頼と会見して、はたしてそういう意味のことをのべたのであろうか。「白衣舎示誡」を虚心によむかぎり、どうしてもこのような疑問が自然に鎌首をもたげてくる。大臣たちのことばは、その一つひとつがまことに奇怪なイメージをたたえてふきあがってくるようであり、この文書の周辺には何か危険で見透しがたい毒気がうっすらとたちこめているようだ。

『教行信証』の暗示

この疑問を解いていくためには、道元が鎌倉に下向した直前の時期、すなわち寛元四年から五年にかけて時頼と幕府をおそった政治・軍事上の危機的状況をあきらかにしておかなければならないだろう。そもそも道元の鎌倉下向はそのような政治・軍事上の危機と呼応するようなかたちでおこなわれたのであり、その意味からも鎌倉の政治情勢の分析は欠かせない。

だがしかし、わたくしにはこの問題の検討に入る前に、どうしてもふれておかなければならないことがある。「白衣舎示誡」という奇怪な文書を解読するために、それはおそらくきわめて有効な方向舵の役割を果たすであろう。

わたくしは道元の「白衣舎示誡」の文書にはじめて接したとき、一瞬、ほとんどわが目を疑いたくなるほどの衝撃に見舞われたことを覚えている。その文書の一言ひとことが、わたくしの視線をそこに釘づけにしてしまったといってもいい。なぜならば、「白衣舎示誡」の言々句々は、あの親鸞の『教行信証』のなかの、きわめて重要な部分に書きとどめられているのとまったく同一の「文章」であったからだ。

『教行信証』全篇のハイライトは、いうまでもなくその第三「信」の巻であるだろう。親鸞の信仰の本質がそこにはあますところなく展開されているからである。いま、その救済の論理や心情をここにのべることはできないけれども、一言にしていえば、すべての人間は阿弥陀如来《あみだにょらい》に帰依することによって浄土に生まれかわることができるというにつきるであろう。「信」巻はそのことを証明しようとして書かれた巻だが、しかしそこでもまた、例の、仏法を非難中傷し、父母を殺害するような極重の悪人でも浄土において救済されるのか、という難問が提示されたのである。

『歎異抄』によってひろく知られているように、親鸞の根本的立場は「悪人こそが救われるのだ」(「善人なをもて往生をとぐ、いはんや悪人をや」)という悪人正機説にある。とするならば、右のような極重悪人の救済をかれが最終的に肯定しているのはまことに当然である。そしてそのための例証として、かれは「信」巻の後半末尾に『大般涅槃経』からの引用文をおく。それは阿闍世王による逆害物語のほとんど全篇におよぶ長文の引用である。

こうして道元の「白衣舎示誡」のほとんど全文が、「信」巻の末尾の引用文のなかにそのままの姿でそっくりはめこまれていることに、われわれは気づかされる。これはたしかに偶然のことであるにちがいない。親鸞と道元がたまたま同一の経典である『大般涅槃経』の同一部分に関心をもち、それをそれぞれの立場から取捨し選択したというにすぎないだろう。この「偶然」の意味についてはあとでまた考えることにするけれども、しかしわたくしはこの「偶然」がさらにもうひとつの「偶然」をよびおこしている事実に驚かないわけにいかない。少々、専門的な細かい小路に踏みこむようなことになるけれども、これからさきにすすむためにはこの不思議な「偶然」の積み重なりのあいだをどうしても通っていかなければならないので、しばらくのあいだ辛抱していただくほかはない。

親鸞の『教行信証』にはいろいろな写本があるけれども、まことに幸いなことに、親鸞自身が書いたことが確実な真筆本が発見された。それが東本願寺に所蔵されている坂東本《ばんどうぼん》『教行信証』といわれるものである。この発見はそれ以後の親鸞研究に飛躍的な発展をもたらした。

親鸞の「落書き」と「白衣舎示誡」

ところで、この坂東本の、「信」巻の序文が書かれている用紙の裏に、親鸞の筆によって「落書き」されている文章がみつかった。「落書き」は五行にわたって書かれていたが、その内容は、なんと『大般涅槃経』の一節、すなわち阿闍世逆害のエピソードにかかわる一節であったのだ。阿闍世が訪問した六大臣のうち、その第四番目の悉知義大臣が語る部分がそれである。

「落書き」の部分をそのまま訳すとこうなる。（本書二一六頁の写真を参照）

親鸞「鏡の御影」
（京都 西本願寺蔵）

悉知義という大臣があっていうには、昔、羅摩《らま》という王があって、その父を殺して王位についた。同じようにして、かつて跋提王《ばつだいおう》、毘楼真王《びるしんおう》、那睺沙王《なごしやおう》、迦帝迦王《かていかおう》、毗舎佉王《びしやきやおう》、月光明王《がつこうみようおう》、日《にっ》光明王《こうみようおう》、愛王《あいおう》、持多人王《じたにんおう》なども、みな父を殺して王位についたが、そのうち一人として地獄におちるものはいなかった。またいまの時代においても、毗瑠璃王《びるりおう》、優陀邪王《うだやおう》、悪性王《あくしようおう》、鼠王《そおう》、蓮華《れんげ》王《おう》などがいて、みな父を殺して王位についたが、そのうち一人として苦悩するものはいない。

この部分はおそらく、「信」巻末尾に引用されている『大般涅槃経』のなかから親鸞が選びだしたものであったろう。かれは長文の『大般涅槃経』を引用しながら、とくにこの部分に強い関心を示したのだとわたくしは思う。この「落書き」がたまたま「信」巻の序文の裏紙に書かれたというのは、むろん偶然であろうが、しかしこの「偶然」は親鸞の筆のたんなるすさびといったようなものではない。いってみれば親鸞は、その「落書き」を書くべくして書いたのだ。

ところで、親鸞の「信」巻における『大般涅槃経』の引用は、阿闍世の逆害、六大臣訪問、耆婆大臣による導き、釈迦による救済、という阿闍世エピソードの全体にわたるものであったが、道元の「白衣舎示誡」は六大臣訪問の場面のみの引用であった。そのことについてはさきにのべた。だからここでは、『涅槃経』に関する道元の部分引用と親鸞の全体引用との対照性の意味をさぐることが必要なのであるが、さしあたっては六大臣訪問の部分について両者がどのような関係におかれているかを考えてみたい。

六大臣訪問の部分にかぎっていっても、「白衣舎示誡」のほうが多くを省略していて、親鸞の場合よりも量が少ない。しかし、「白衣舎示誡」を注意深くよんでいくと、六大臣の「ことば」のそれぞれにたいして道元が微妙な反応の違いをみせていることがわかる。端的にいって道元は、六大臣のうち第五番目の吉徳大臣にもっとも注目していることがあきらかなのだ。筑摩書房版の『道元禅師全集』下の行割りでいうと（三九一〜三頁）、月称大臣―二行、蔵徳大臣―四行、実徳大臣―八行、悉知義大臣―六行、吉徳大臣―一三行、無所畏大臣―五行、である。

右のような「数字」の点からいっても、道元が六大臣のうち吉徳をもっとも重視していたことがわかるであろう。それならば吉徳はどういうことをいっているのか。さきにもふれたように、まず地獄を否定し、ついで殺人罪が結局は成立しないことを主張している。それは一見して、人を殺す武士の生き方というものを肯定するための意見のようにみえる。この問題についてはまたあとでふれるが、「白衣舎示誡」の全体を見渡して気づくことは、第一の月称大臣をのぞいた他の五大臣たちのいずれもが、王法（武士）と仏法（出家）の別を強調しているということだ。仏法においては許されないことも、王法においては許される。そしてその代表的な事例が「殺人」という行為である。道元はこの王法と仏法との区別という点だけにねらいをさだめていたようにわたくしにはみえるのである。

武士と国家と

もしもそうであるならば、道元はこの「示誡」文を当時の武士階級を念頭において書写したのではなかったか。道元が鎌倉に下向したのは、たんに時頼の招きがあったからというにとどまるものではないであろう。かれは時頼の背後に武士社会というものが厳然と存在していることを十分に意識して下向したのであったろう。

それならば親鸞の場合は、どうであったか。すくなくとも「六大臣訪問」の記事だけにかぎっていえば、道元が第五番目の吉徳大臣に強い関心を寄せていたのにたいして、親鸞が第四番目の悉知義大臣にもっとも注目していたことだけははっきりしている。それは「信」巻・序文の裏紙に悉知義の部分を「落書き」していたことからもわかる。

わたくしはこの悉知義大臣についての親鸞の「落書き」には、大逆大罪を犯す国王というものへの批判が塗りこめられていたと思う。阿闍世王子が父を殺して王位をついだように、親鸞の時代の国王たちも、人間の道にあるまじき大逆大罪を犯して王位をついでいる、といったきびしい批判をかれは持っていた。なぜなら親鸞はその『教行信証』の末尾で、「主上臣下、法にそむき義に違し、いかりをなし、うらみをむすぶ」といっているからである。

承元元年（一二〇七）、親鸞は師の法然やその門下とともに流罪になった。直接には興福寺の僧

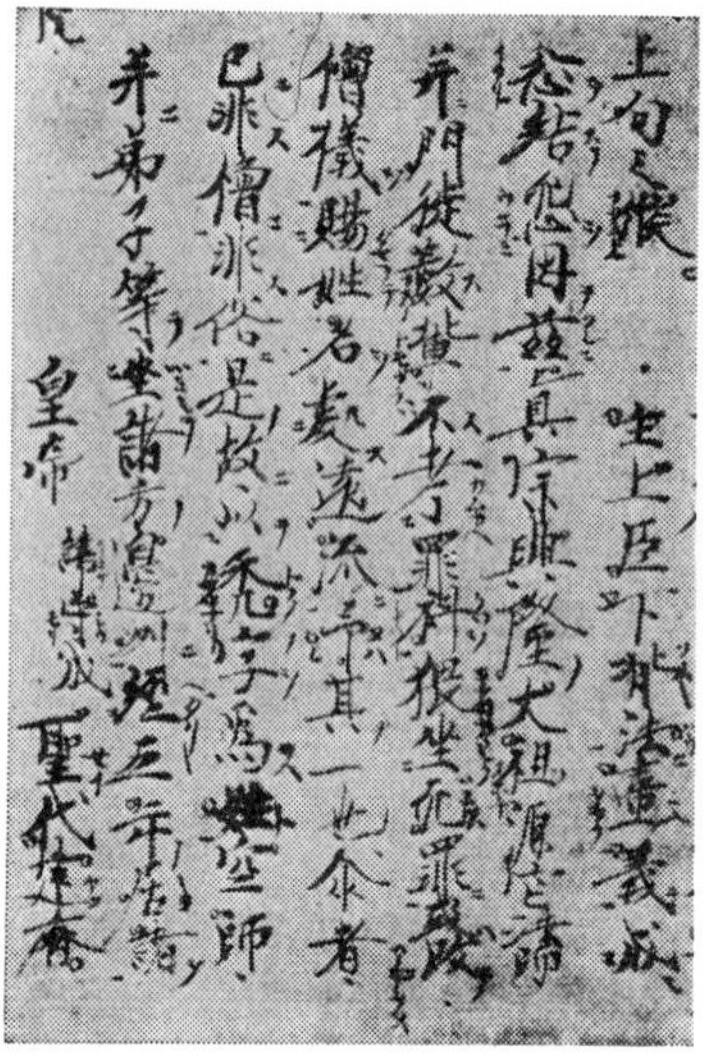
上旬之候。主上臣下背法違義成
忿結怨因茲真宗興隆大祖源空法師
并門徒数輩不考罪科猥坐死罪或改
僧儀賜姓名処遠流予其一也爾者
已非僧非俗是故以禿字為姓空師
并弟子等坐諸方辺州経五年居諸
皇帝 諱守成 聖代建暦

坂東本『教行信証』の末尾（親鸞真筆）

徒がさわぎ立てたためであるが、念仏停止の指令は後鳥羽上皇と土御門天皇の名のもとに出された。念仏門を弾圧するものは、たといそれが上皇や天皇であろうと親鸞は許さなかった。「臣下」だけでなく「主上」（後鳥羽と土御門）までが法にそむき、正義に反したことをおこなっていると批判したのである。『教行信証』の末尾に記されているこの部分は、古田武彦氏によると承元四年（親鸞三八歳）のころ、すなわち土御門天皇が現役の天子であったときに書かれたものだという（『親鸞・人と思想』一〇〇頁）。それはかれが越後に流されていた末期にあたる。

やがて親鸞は罪を許され、建保二年（一二一四）になって常陸に入った。ときに四二歳。そしてその七年後の承久三年に、かれはこの関東の辺境の地で承久の乱の噂をきく。幕府にたいする後鳥羽上皇のクーデターが結局は失敗し、後鳥羽をはじめとして順徳、土御門の三上皇が流されたという事件である。法然一門と親鸞を追放に処した承元の弾圧の立役者が、二人まで流されたではないか。「主上」であった後鳥羽と土御門の追放の報を、親鸞はどのような想いできいたであろうか。

このときかれは、ごく自然に、あの『大般涅槃経』の一節を想いださなかったか。「昔、王ありき。なずけて羅摩という。その父を害して王位をつぐことをえたりき。……」の一節を静かに口ずさまなかったか。

こうしてその数年後の元仁元年（一二二四）になって、かれは『教行信証』を書きあげるのだ。そのとき、「信」巻の後半部に引用される『大般涅槃経』からの引用文と、とりわけそのなかの「悉知義大臣」のことばは、すでに親鸞の血肉と化してその筆端から自然にほとばしりでたことであろう。

親鸞は『涅槃経』中の六大臣訪問の説話をただ漫然と引用していたのではない。念仏門にたいする承元の法難と反幕クーデターとしての承久の乱、という二つの歴史的事件を念頭において、その一節に向かっていたはずだ。「信巻」序文の用紙の裏に書かれた「落書き」についても、わたくしはそのように解する。むろん親鸞は、阿闍世のような極悪人、すなわち父王を殺して王位につくような悪人でも最後には阿弥陀仏の願力によって救済されるのだ、という立場をくずしてはいない。「信」巻が悪人正機を証明するための一篇であることに疑いはない。だがそれにもかかわらず、「悉知義大臣」の一節にたいして示す親鸞の関心の強さは、国王をはじめとする権力者への容赦ない批判をあらわしているとわたくしには思われるのだ。『教行信証』という作品の全体を流れる思想の音色は、親鸞の苦悩の軌跡を伝えているが、そこには楽観的な救済論などすこしも含まれていないことにわれわれは注意しなければならない。

北条時頼との対決

わたくしは親鸞と『教行信証』について、あまりにも多くのことを語ってきたようだ。しかしこの道草は、これから本題に入っていくうえでどうしてもふれておかなければならない前提であった。それならば、ここでの本題とは何か。いうまでもなく道元の鎌倉下向の問題であり、鎌倉の白衣舎で書写された「六大臣訪問」の記事の問題である。「白衣舎示誡」が書かれた宝治二年（一二四八）は、承久の乱から二七年後にあたる。ときに親鸞は七六歳で、いまだ頑健な肉体を保って京都にいる。そして道元は四九歳、あと余命を五年のこすだけで、いまは一時的に鎌倉に滞在している。かれはまもなく越前に引き返すであろう。

時頼の権力奪取

このとき、道元がとどまっていた鎌倉は、無惨な大量殺戮《さつりく》の余韻があとをひき、いたるところ血の匂いが消えずに立ちこめていたはずである。道元は血の惨劇がおこなわれた舞台のまっただなかにいる。時頼がそれを要請し、道元がそれを受けた。道元にとってそれは予定の行動であった。しかしそのへんの状況をあきらかにするためには、歴史をさらに数年さかのぼらなければならない。

仁治三年（一二四二）、名宰相をうたわれた執権北条泰時《やすとき》が死んだ。かれは承久の乱を鎮圧した当事者であった。そこで新しい執権職は孫の経時《つねとき》の手に渡った。泰時の子の時氏が早世していたからである。新執権経時は寛元二年（一二四四）になって、二〇余年間にわたって将軍職にあった藤原頼経《よりつね》を辞任させ、その子の六歳になったばかりの頼嗣《よりつぐ》に将軍職をつがせた。

しかし寛元四年（一二四六）三月、経時は執権を弟の時頼にゆずり、その一ヶ月後に二五歳の若さで死去した。経時の死には暗殺の疑いがあり、その背景に政治的な陰謀がうずまいていた。まず

北条氏系図

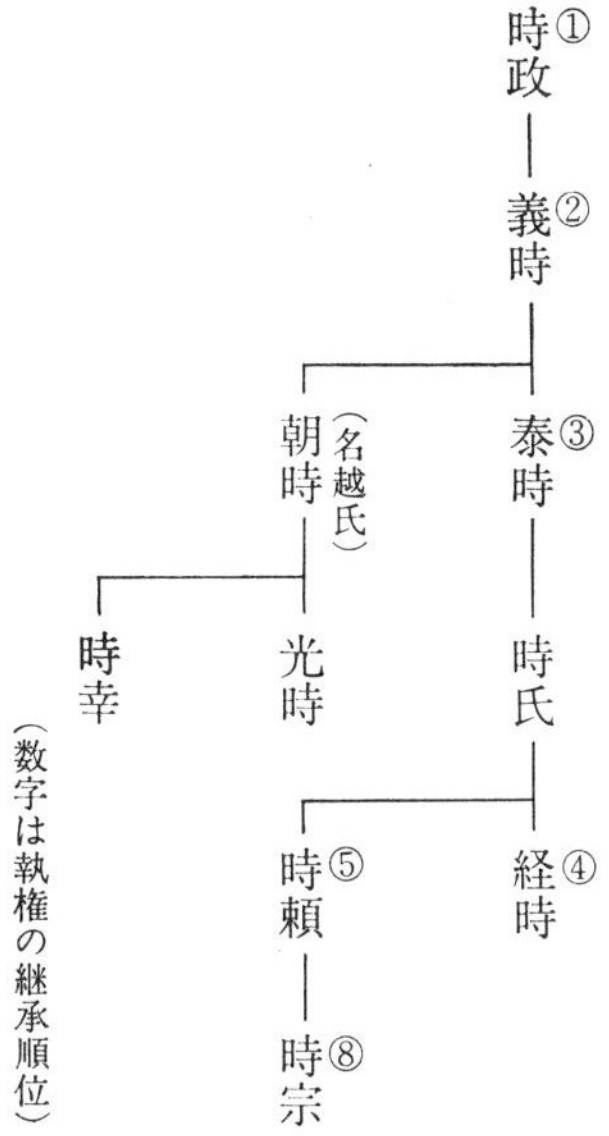

第一に、前将軍藤原頼経は経時によって将軍職を解任されても、京都に帰らず「大殿」として鎌倉にとどまっていた。そしてこの「大殿」を後押しして自己の野心を遂げようとするグループがあった。経時や時頼にとっては叔父にあたる光時とその弟の時幸などの名越《なごえ》氏一族、そして後藤氏や千葉氏らの評定衆、問注所執事の三善《みよし》氏などがそれであった。名越氏の光時と時幸兄弟の父は朝時で、名執権といわれた泰時の弟である。朝時はその父義時からも愛されて、北条時政いらいの由緒ある鎌倉・名越の屋敷に住んで、名越氏を名のっていた。こうして名越氏は

北条一門のなかでも重きをなす名族であったのだ。

兄経時の死後、執権職をついだばかりの時頼は前将軍の「大殿」とこの名越一族の隠然たる勢力を前にして緊急の対策を立てなければならなかった。前将軍派の攻勢を事前に察知した時頼は、機先を制して名越氏を襲撃した。この先制攻撃は成功して、光時を出家させて伊豆に流し、その弟時幸を自殺に追いこんだ。また返す刀で評定衆を解任し、「大殿」を京都に送還した。ときに時頼はわずか二〇歳の若さであった。

ひとまず権力を掌握した時頼は、その翌宝治元年（一二四七）になってふたたび攻勢にでる。評定衆であった三浦光村が頼経側に味方していたことを理由に、かれに戦いをいどんだ。光村はその兄の泰村とともに時頼の術中にはまり、結局三浦一族の近親をふくめた五百余人はことごとく、頼朝の墓所があった法華堂で自殺してはてたのである。ときに六月五日。のちにこのときの戦いを宝治合戦という。

しかし時頼はまだ手をゆるめない。かけのぼりはじめた急坂は、一挙にのぼりつめなければならない。宝治合戦から間をおかないで、かれは下総《しもうさ》の豪族千葉《ちば》秀胤《ひでたね》を撃って、これを殺した。まさに電光石火の早業《はやわざ》というべきだが、ともかくこうして三浦氏、千葉氏といった、鎌倉幕府が樹立されていらい一貫してその支柱であった最大の雄族を、時頼は大胆かつ細心の戦略行動によって絶滅することに成功したのである。

政治と宗教

北条時頼が執権政治の全権をほぼ掌中にしたとき、越前の道元は、その時頼の求めに応じて鎌倉に下向する。ときに宝治元年八月三日。月末か、おそくとも九月のはじめには鎌倉に着いたであろう。あの宝治合戦の終幕（六月五日）から数えてわずか三ヶ月たらずである。

そして道元がその長途の旅装を解いたところが、かの名越氏の本拠地であった鎌倉・名越にある白衣舎であった。さきにもふれたように、かれは宿舎に身をおちつけるやいなや、周辺に噴きあげてくる血煙りの余韻を自分の肌で感じとったはずである。

くり返していえば、この年道元は四八歳、すでに成すべきことを成し遂げた壮年の盛りにある。そしてかれに対面した時頼は、若冠わずか二一歳。二人のあいだには親子ほどの年齢のひらきがある。しかし時頼はすでに二〇歳の若さで、政治の世界の陰惨と人間界の地獄をみてしまっている。たんにみただけではない。その陰惨な地獄のなかを、みずからすすんで生きてしまった。たとえ武士社会の世のならいであったとはいえ、あまりにも密度の高い人間殺戮のドラマをかいくぐって生きのびたのである。かれは政治家としての自分の力量に自信をもち、権力者として向かうところ敵なき傲岸《ごうがん》さを身につけていたにちがいない。

だが、ひとりの人間として、まだ二十代にさしかかったばかりの青年としてみるとき、かれははたして精神的に不動の世界に憩うことができたであろうか。おそらく答えは、否である。かれは多くの親族や一族を追放し、殺害することによってはじめて執権職の座につくことができた。そのかれが一族や一門の怨念や亡霊に苦しめられなかったと考えることはむずかしい。現に、みよ。かれは執権職に一〇年在職しただけで、三〇歳の若さで出家をしているではないか。病気を理由にしての隠遁であったが、しかしかれは実質的には舞台のかげにあって幕政の最高指導者としての地位を占め続け、それから七年間を生きて三七歳で死んだ。

時頼が出家をしたのは、禅宗に帰依し禅僧の手びきによってであった。かれは中国からやってきた蘭渓道隆《らんけいどうりゅう》や兀庵普寧《ごったんふねい》などの僧を迎えて、みずからも熱心に参禅し、またかれらのために建長寺などの寺を建てた。時頼がその晩年においていかに禅に熱中したかは、『吾妻鏡』にくわしく記されている。

時頼の出家後の後半生は、一族一門の怨霊や亡魂をしずめるための追善供養に費されたであろうとわたくしはみる。かれは自分が犯した罪のかずかずを償うために、そのけっして長くはなかった余世を送った。そして宝治元年に道元の前に姿をあらわしたときの青年執権は、そのような罪業のかずかずをすでにみずからの手で大量に作ってしまったあとの人間であった。とするならば、このとき時頼が道元に心の底から求めていたものは自己の魂の平安ということをおいてほかにはなかったにちがいない。

だから、道元に対面したときの時頼は、まさに人生の危機に直面していたというべきであろう。そして奇しき因縁ではあるけれども、道元もまた永平寺の山を降りるというその決断において運命の岐路に立たされていたのだ。このとき道元は、その返答しだいでは時頼の導師となったかもしれず、のちに蘭渓道隆にあたえられた宗教的地位を手に入れることになったかもしれないのだ。あるいは時頼の精神上の導師として、建長寺の住持に迎えられたかもしれないのである。

しかし道元は、ついにそのような道をえらばなかった。もちろん道元の心は右に左に揺れたことであろう。かれは時頼の招きと知って鎌倉に下向してきたのである。在俗者への伝道という大義名分に自分の心が傾いていることを承知してでかけてきたのである。だがしかし、かれは最終的な判断においては、時頼という政治権力者の魂を救済することをいさぎよしとしなかったのである。このときの道元の気持ちの微妙な推移をおしはかることはむずかしいが、しかしすくなくとも「白衣舎示誡」の一つひとつの文字には、このときの道元の心理の動きがさりげなく封じこまれているように、わたくしは思うのである。

道元の絶望

道元は、北条時頼のうちに、「父王を害して王位をついだ」人間をみた。時頼は実際の自分の父を殺すことはなかったけれども、一門一族の多くの血を自分の手によって流した。その血の犠牲によってかれは執権職を不動のものとした。道元がそのような時頼を、阿闍世王そのものの再現とみたとしても不思議ではない。そしてその時頼はいま、あたかも阿闍世王のごとく自分の犯した罪におののき、恐れ、苦しんでいる。日本国の阿闍世王、時頼ははたして成仏することができるかどうか。道元はそのように苦しんでいる時頼の眼前に、あの六大臣のことばをさしだす。「白衣舎示誡」の全文がそれである。「なんじ、父王を害すれども、罪なし」という擬似論理を書きつらねた文書である。

だが、この「白衣舎示誡」によって時頼の心はなぐさめられたであろうか。おそらくそうではあるまい。時頼は、阿闍世王が六大臣の慰撫に満足できなかったように、すでにして背負ってしまった罪業の重さをいささかも軽くすることはできなかったであろう。しからば道元自身はどうか。「白衣舎示誡」の文書によって、「極重悪人」である時頼に罪の許しを保証することができると考えたであろうか。おそらく、否である。道元が、六大臣による甘言の空しさを誰よりもよく知っていたことは疑いがないからである。阿闍世王が救われる可能性はただ一つ仏に帰依することをおいてほかになかったことを、道元が知らなかったはずはない。『大般涅槃経』の眼目は、じつにそこにこそあったからである。

もしもそうであるならば、時頼は、いまただちに道元の導きによって仏に帰依し、そして安心立命の境に近づくことができるであろうか。時頼の苦悩と懺悔の心は、そのような境地を受けいれるほどに成熟していたであろうか。だが二〇歳をすぎたばかりの青年の身の上に、そのような可能性を想像することはむしろ不自然であろう。それよりも何よりも、時頼はいまや一切の権力を掌中にして執権体制の確立に向かって突きすすもうとしているではないか。自信と覇気にみちあふれた一箇独立の政治的才能が、そこには突っ立っている。

道元はこのとき、自分と時頼とのあいだに横たわっている溝の深さに絶望しなかったか。時頼の苦悩する心を一時的になぐさめることはできても、それを究極的に転換させることのできないことを、かれほどの明敏な頭脳が察知しなかったはずはない。

道元は絶望し、そして沈黙した。「白衣舎示誡」が六大臣の「甘言」において中絶したまま、そのあとに続くべき阿闍世王と耆婆大臣と釈迦にかかわる回心体験にまったくふれていないのは、おそらくそのためであるとわたくしは思う。

そのような意味において「白衣舎示誡」の全文は、道元の絶望の深さを物語っている。引用の無愛想な中断は、かれの、ことばにならない怒りのはげしさを浮き彫りにしてはいないか。

道元はこのとき、鎌倉に下向してきた自分の行動の誤りにおそらく気づいたはずだ。その想いはかれの胸中を一気にかけぬけ、在家伝道への意欲が急速に後退していくのをどうすることもできなかったであろう。かれの在家志向は、鎌倉において、時頼との会談を通して無惨にも挫折したのだとわたくしは思う。

こうして道元は、本来の道へともどっていくほかはない。永平寺へ、出家主義の根本道場へと。

出家主義への回帰―ふたたび山へ―

くり返していおう。「白衣舎示誡」が書かれたのは宝治二年二月一四日である。そして三月一三日には、すでにかれは永平寺に帰着している。

道元は「白衣舎示誡」一篇を書いて、ただちに鎌倉を発って、永平寺に向かったのだ。わたくしはこのときの一連の出来事のうちに、時頼と道元との決裂をみる。それは人間の資質のあいだの決裂であったが、同時に出家者道元が世俗の世界と最終的にたもとを分かったことを意味するであろう。道元は沈痛なあきらめをふところにしまいこんだまま、まなじりを決して永平寺に向かったのだと思う。

造悪の者は堕つ

三月一三日に永平寺に着いた道元は、翌日の一四日に上堂して、つぎのような自分の心境をのべた。それは『道元和尚広録』第三に出てくる。鎌倉下向の意味あるいは無意味を要約したものであるが、そこからは道元自身のいつわらざる肉声がきこえてくる。

自分は昨年の八月三日に山をでて、鎌倉に向かった。俗弟子に説法するためであったが、昨日帰山した。人は、あるいはわたくしに問うかもしれない。どうして俗弟子などのために、幾山河をこえて鎌倉にまでいったのか、それは俗弟子を重んじ、出家僧を軽んずる行為ではないかと。また、わざわざ鎌倉までいって説かなければならない特別の仏法でもあるのかと。

そんなものはもちろんないだろう。自分はただ、善を修める者は成仏し、悪をつくる者は地獄におちる（修善の者は昇り、造悪の者は堕つ）、といってきたまでだ。諸君に自分のこの気持ちがわかってもらえるだろうか。

自分はこんど半年以上も山をでて生活していたが、太陽がポッンと虚空にただよっているようなさびしさを覚えた（孤輪の太虚におるがごとし）。こんど山に帰ってきて、雲でさえ喜びの表情をあらわして迎えてくれるではないか。自分の山を愛する気持ちは以前よりもますます強くなった。

この道元の肉声のうちには、まさに万感の想いがこめられていたであろう。それは道元が、人間としての感情を率直にあらわしている、まことに珍らしい、そして貴重な証言であるといわなければならない。かれはこの上堂説法のなかで、鎌倉で説法した相手をただ「檀那俗弟子」とのみいって、時頼その他の人間の実名を出してはいない。たんに口に出していうのをはばかった、というだけではなかったであろう。それよりもむしろ、口に出していうことにかれの気持ちが耐ええなかったのだというべきだ。その想いのはげしさは、つぎの一句、「修善の者は昇り、造悪の者は堕つ」という、突き放したような、するどい語調のうちに噴きあげているであろう。

この「造悪の者は堕つ」の一句こそは、「白衣舎示誡」の全文にたいする道元の反語でなければならない。「白衣舎示誡」における『大般涅槃経』からの引用文は、端的にいって「造悪の者といえども地獄に堕ちず」であったはずだ。道元は鎌倉・名越の宿舎を離れ、永平寺に帰着するやいなや、ついにその本心を吐露してみせた。「造悪の者は堕つ」と。

鎌倉にいるときの道元は、まさしく「孤輪の太虚におるがごとし」であったにちがいない。そしていまかれは、永平寺をとりかこむ山深きふところに身を寄せて、歓喜に胸をうちふるわせている。

国土の治乱を語るな

鎌倉から山に帰ったこの年の暮になって、道元は『庫院《くいん》の規式五箇条』というのを作成した。庫院とは僧堂の「台所」のことである。禅林の経済をつかさどり、修行僧の食事を準備するところである。だからその五箇条というのは僧堂生活の経済五原則ということになるだろう。

一、庫院に必要な米（公界米《くかいまい》）の量を計算して、あらかじめ買っておくこと。米を買う銭を他に転用してはならない。

一、公界米を使って菓子などを作ってはならない。

一、米で野菜などを買ってはならない。

一、米を他人に貸してはならない。
一、米を使って薪や炭の費用にあててはならない。

米の最低限の確保が僧堂の生命線であったことをこの五原則は示しており、米の不正使用がきびしく禁じられている。

そして翌年（宝治三年）の正月、この『庫院五箇条』を書いてから一ヶ月がたつかたたないうちに、『吉祥山永平寺衆寮箴規《きっしょうざんえいへいじしゅうりょうしんぎ》』一巻をかれは作成した。永平寺の僧が日常生活と修行において守るべき事柄をまとめたものである。だが、その内容の一つひとつをみていくと、とくに目あたらしいものがみいだされるわけではない。なぜなら道元は、すでに四年前の寛元二年の三月に『大己五夏の闍梨に対する法』を作成し、同三年には『弁道法』を書き、翌四年には『永平寺知事清規《ちじしんぎ》』を仕上げているからである。いってみれば道元は、『闍梨法』、『弁道法』、『永平清規』によって、僧堂における日常生活と修行生活についての心得、作法のほとんどすべてのことをいいつくしているといってよいのである。

それなのに道元はなぜ、この年になってふたたび『永平寺衆寮箴規』を作らなければならなかったのか。その意図はいったいどこにあったのか。あるいはそれは、僧堂生活によせるかれの期待があまりにも強かったがための、たんなるくり返しで

「庫院」の扁額

あったのか。

むろん僧堂の内部に、出家至上主義を徹底させる必要があったということがまず考えられよう。在家主義が僧堂規定の緩和へと向かうのにたいし、出家主義は同じ僧堂規定の引き締めとなってあらわれるからである。また道元の神経質なまでの倫理的な潔癖感が、弟子たちにたいするたえざる警告のむちとなってあらわれたという事情もあるであろう。

そういうことが、鎌倉から帰ってきた道元にさしせまった問題として意識されたと思われるのであるが、しかしなかでも、この『永平寺衆寮箴規』のなかのつぎの一節にわたくしはひきつけられる。

> 禅堂の内部では、世間のこと、名利のこと、国土の治乱のこと、供衆についてのあれこれのこと、をはなしてはいけない。そういう談話を無義の語、無益の語、穢れた語、恥しらずの語というのだ。光陰はすぎやすく、しかも仏道はなかなか成就しないものだ。一瞬の時間を惜しんで努力し、精進せよ。

この一節に盛られている内容のほとんどを、道元はすでに以前に作った僧堂の規定のなかでいっている。その意味ではこれは何ら目あたらしいものではない。だがしかし、右の文章を注意してよみ返すとき、そこに不思議な光を発する一句がさしはさまれていることに気づく。すなわち「国土の治乱のことを語るな」という一句がそれだ。この一行からは妙に生々しい息づかいがもれてくるようだ。その周辺からは、道元の抑圧された感情の火花がはじけてくるようではないか。この「国土の治乱」は、直接的には鎌倉のことをさしていたとわたくしは思う。北条時頼が一門一族の血を流して権力を掌握したところの「国土の治乱」をそれは物語っていたと思う。鎌倉において絶望し、そして山に帰ってきた道元は、そのような「治乱」のことがらを山の上では語ることを永久に禁じようとしているのである。かれはそれを僧堂の弟子たちに向かっていっている。そして胸中ひそかに、その禁制のことばを自分自身に向けていっているのだ。それは弟子たちにたいする訓誡の辞であると同時に、自分自身にたいする自戒のことばだ。「国土の治乱」を語ることなかれと宣言することによって、道元は鎌倉に下向した自分の行動を永遠に葬り去ろうとしている。

権威の否定

こうして道元は、宝治三年のこの時点においてなお、『永平寺衆寮箴規』一巻を書かなければならぬ理由があったというべきであろう。『建撕記』によれば、この年の九月一〇日、かれは僧衆にたいしてつぎのように説いたという。

自分はいまから未来永劫にわたって（尽未来際《じんみらいざい》）この永平寺から離れないであろう。たとい国王の命令があっても絶対に当山を離れない。

「尽未来際」とは、おもいきったことをいっている。「たとい国王の命令があっても」という語気はいかにもはげしい。このおもいきりと語調の勢いは、あきらかに鎌倉に下向した体験の急激な反動を示している。それは、「国土の治乱を語ることなかれ」という自戒のことばのはげしさと呼応している。わたくしはここにもまた、道元の苦悩の深さとそのつねならぬ決意の重さをひしひしと感ぜずにはおれないのである。

こうして一〇月一八日になって、かれは『永平寺住僧心得九箇条』を作る。それは修行僧にたいして一切の権威と世俗への妥協を許さない、峻烈な禁令の文書である。権門貴族の邸におもむいて祈祷などをしてはならぬ、僧位僧官の職または諸家諸寺の管理職についてはならぬ、地頭や守護の役所およびその他の政庁に出むいて訴訟などおこしてはならぬ、他から招かれて験者《げんじゃ》（秘法によって祈祷をする行者）や供僧《ぐそう》（儀式に奉仕する僧）などの仕事についてはならぬ。

この禁令は、政治と宗教の権威に近づくことをいましめたものである。だが当時の永平寺の僧のなかにこのような権威に接近し屈服する者がいたということを、逆に示してもいるであろう。道元の鎌倉下向という行動がそのような傾向に拍車をかけたのであったのかもしれない。あるいは僧たちによるそのような方向への関心が底流としてあって、それと呼応するような形で鎌倉下向が実現されたのであったのかもしれない。

もしもそうだとするならば、鎌倉から帰着したばかりの道元と、その前後の時期における永平寺僧団は、まさに危機的な状況のまっただなかにあったのではないか。建長元年（宝治三年）に書かれた『永平寺衆寮箴規』と『永平寺住僧心得九箇条』が、何よりもその間の緊張感を雄弁に物語っているようにわたくしは思う。

如浄への回帰

道元は宝治元年以降、『正法眼蔵』を僧衆に示していない。宝治元年は鎌倉に下向して、時頼に会見した年である。ところが、秋重義治氏の研究によれば、鎌倉から永平寺に帰着した翌宝治二年から、法堂における説法（上堂）の回数はにわかに多くなる。宝治二年から病を発する建長四年までの五年間に、ほぼ一週間に一回の割合で上堂をおこなったという（前掲論文）。道元はその最晩年、「上堂」に精力を注いだけれども、『正法眼蔵』の制作にはほとんど手を染めていないということになる。

法　　堂

道元による上堂説法の内容は、その初期のものをふくめて『道元和尚広録』（別名『永平広録』）におさめられている。これを編纂したのは、弟子の懐弉《えじょう》、詮慧《せんね》、義演《ぎえん》の三名である。秋重氏によれば、この『広録』はほぼ年代順にならべられていることがあきらかなので、それによって道元の思想の変遷のあとをある程度はたどることができるわけである。

だが、道元が永平寺に帰着した宝治二年以降の上堂説法をよんでいくと、その主張の大半がすでに『普勧坐禅儀』、『正法眼蔵』その他の著作でいわれているものと大差のないことに気づかされる。ここではこの問題に深入りする余裕はないが、しかしこの道元最晩年の上堂説法のなかからは、ときとして生々しい道元の肉声がきこえてくることがあるのは注意すべきだ。その肉声のひびきは、すくなくともこの時期における道元の心のたたずまいをかすかに伝えている。

数ある上堂説法のなかで、道元がおもわずその真情を吐露して感情の動きをあらわにするのは、かれにとっては永遠の教師である天童如浄を想起するときであり、如浄の法語をのべるときにおいてである。

まず、建長元年の七月一七日、かれは天童如浄の忌日に上堂していう。古仏を想えば、五千里の海をへだてても「悲涙」が流れ、この二〇年のあいだ、いくたび「断腸」の想いをこらえたことか、と（筑摩書房『道元禅師全集』下（大久保道舟編）の通し番号・三四二　以下「全集」とする）。また建長三年には、自分は如浄よりさきに睡らなかったし、一生のあいだ、そのような気持ちですごした、といい（「全集」四六九）、建長四年には、同じく如浄の忌日に上堂して、師の恩を想い、師を恋慕して、涙が衲衣《のうえ》（法衣）ににじんで紅に染めた、といっている（「全集」五一五）。

道元が先師如浄の想い出にふけるとき涙がとめどなく流れでるのは、それだけかれの感情が純粋だからなのであろう。そしてこの純粋感情が急激な高まりをみせるのは、それだけかれのおかれている状況が孤独なものだったからなのであろう。かれはいわば、誰にも理解されないような孤高の純粋感情のうちに泣き、紅い涙を流している。そのさびしい、そして昂揚した意識は孤立感を深めていくなかで、自分と如浄とを直結するところの、仏々祖々の光輝に包まれた黄金空間をはげしく希求している。かれは如浄の想い出に触発され、かつて中国に渡ってはじめて先師に邂逅したときの感動を追体験している。そのときにこそ、かれは自分が真に生きていることを実感する。そういうところへ自分をはこんでいくのである。

如浄を想いおこすとき、道元はかならず「仏々祖々」の家風をいい、坐禅弁道をいうが、参禅の極地は「身心脱落」であるといった如浄のことばを忘れることがない（たとえば建長三年の上堂、「全集」四三一、四三七など）。そして道元が如浄の精神にじかに接しようとするとき、かれの脳裡に自然によみがえるのは「慧可断臂《えかだんぴ》」の伝承である。中国禅宗の第二祖である慧可は、初祖の達磨《だるま》に入門を乞うが許されず、ついに自分の右の臂《ひじ》を切断して許しをえたという、あの黄金の伝承である。建長二年一二月一〇日の上堂説法において、道元はこの黄金伝承をのべて感きわまり、「悲涙」が胸にみち、襟《えり》をうるおしたといっている（「全集」三九二）。

単独者・道元

こうして道元の誇りは、達磨いらいの正統をわが国にはじめて伝えたのだという事実の確認へと向かう。日本国に「上堂」という方式を最初にもたらしたのは自分であるといい（建長元年、「全集」三五八）、かつて日本国に仏生会《ぶつしようえ》や涅槃会《ねはんえ》の行事はあったが、

「成道会《じょうどうえ》」をはじめて伝えたのは自分であるという（建長二年、「全集」四〇六）。この自信と誇りは、「禅宗」という宗派意識をまる出しにするニセ禅者への痛罵となってほとばしるであろう（建長四年、「全集」四九一）。かれは病いを発する最晩年において、ふたたび「禅宗」の徒《やから》をはげしく批判しているのである。その批判のほこさきには京都の東福寺と、鎌倉の寿福寺が擬せられていたであろう。そしてこの対他批判のテーマとあたかもきびすを接するようにして、「官途《かんと》」と「国王」を忌避せよというテーマがひびきわたってくる。「官途」をのぞみ、「名聞利養《みょうもんりよう》」にふけるものは悪道におちるといい（「全集」四九二）、「国王」に近づかず、入山して求道せよという（「全集」四九八）。これらはいずれも建長四年の上堂説法にあらわれる格調高いしらべのなかで発せられているものであり、同時にかれは「深山幽谷」をいい、「深山巖崖」の一筋道を説いてうむことがないのだ（「全集」五〇二、五一三）。

道元はいまようやくにして、五十余年の生涯を燃焼しつくそうとする最期の日々のなかにいるけれども、その心の全領域をみたしているのは二四歳で入宋求法したころの孤高の精神と純粋な感情である。かれはいつのまにか、三〇年という歳月をへだてて、本来の自分自身へと回帰していこうとしている。如浄を想い出すことによって、そしてその追憶の手びきによって、仏々祖々の世界へとわき目もふらずに突入し、深山に沈潜して身心脱落をえようとしている。すでに「治乱」と「国王」はかれの眼界の彼方にしりぞき、その片影すらも浮かぶことはない。

こうしていま、道元は信頼する弟子たちにかこまれてはいても、たった一人になりきろうとしている。如浄の像のみを眼前にひきすえて、単独者の道を最後まで歩き続けようとしているかにみえる。鎌倉下向という、かれの心を奥深いところで傷つけずにはおかなかったはずの重い経験から、ようやくにして離脱しようとしているのだ。

「活《い》きながら黄泉に陥《お》つ」

発病

建長四年の夏になって、道元ははげしく病んだ。ときに五三歳である。『三祖行業記』や『建撕記』にそう記されている。そしてこの年の九月以降、上堂回数が激減する。

この年、道元は身心の疲れのなかで、すでに死を予感している。そのことは『道元和尚広録』の上堂説法にそれとなく暗示されている。釈迦が病んだとき、侍医であった耆婆大臣とかわした問答をかれは想いおこしている。そしていう。人は死ねば痛苦を感ずる心がなくなるというが、いったいそれを誰が証明するのか、と（「全集」五〇三）。またかれは、こうもいっている。「発病」を知らないものが、どうして「道心」や「修証」を体得することができようか、じつに「病患」そのもののなかに「功徳」がある、だから兄弟たちよ、「魔を治し、病を療する」ことを一心に学ばなければならない、と（「全集」五一三）。

道元は自分の心とからだを生死の境目によこたえ、生死をそのままに受けいれ、生死を超越しようと覚悟しているかにみえる。その境は、たとえばつぎのような一句に示されているといえるだろう。

華開かば、必ず真実を結ぶ
青葉、秋に逢うて、即ち紅なり
（「全集」五二六）

無心に死を迎えようとしている人間の純な目に映るものは、ただ「華」であり、「青葉」であり、「紅」の鮮やかな色であるだろう。そしてこの最期の場面において、道元は疑いもなく若き日の初心に帰っている。病いにのぞんで発せられた右の一句は、たしかに、あの「現成公案」の冒頭の一句に対応している。

花は愛惜《あいじゃく》にちり
草は棄嫌《きけん》におふるのみなり

いくら惜しくても花は散るときには散り、いくら厭《いと》うても、時節がくれば草は生い茂る。「現成公案」が書かれたのは、ちょうど二〇年前、道元三四歳のときであった。

「遺書」

建長四年の暮から翌年の正月にかけて、道元は最後の精力をふりしぼって『正法眼蔵』「八大人覚《はちだいにんかく》」の巻を書きあげる。それはいわば弟子たちにあたえる「遺書」であり、かれの死への準備はそれによって完了することになる。

「八大人覚」とは、理想的な仏道修行者（大人）が覚らなければならない八つの道、というほどの意味である。この「八つの道」は、歴史上の釈迦が入滅するときに仏弟子に向かって説いたものであると道元はいい、自分もまた、この釈迦にならっていまなんじらに、この八つの道を教える、といっている。

「八つの道」とは、一、少欲《しょうよく》（欲のないこと）、二、知足《ちそく》（いつでも満足していること）、三、楽寂《らくじゃく》静《じょう》（静かな世界で生活すること）、四、懃精進《ごんしょうじん》（不断に努力すること）、五、不忘念《ふぼうねん》（正しい精神集中）、六、修禅定《しゅうぜんじょう》（正しい瞑想生活）、七、修智恵《しゅうちえ》（叡智をみがくこと）、八、不戯論《ふげろん》（雑談、議論からはなれること）、である。

古仏如浄の正真の弟子であった道元は、死を迎えるときは、仏陀（釈迦）の作法にしたがっている。道元の末期の意識は、こうして仏―如浄―道元という一直線の伝承を想い描くにいたる。それが道元のいう「仏々祖々」の伝承なのだ。

道元は「八大人覚」の巻をつぎのようなことばによって結んでいる。

仏陀が入滅する以前にさきだって死んだ者たちは、仏陀の説いた八大人覚を知らなかった。しかるにわれわれはいまこれを知ることができた。われわれは仏陀と同じ境涯に到達することができるのである。

弟子の懐弉はこの「八大人覚」に後書きして、これは「先師最後の御病中の御草なり」と記している。続けて「釈尊最後の教勅にして、且つ先師最後の遺勅なり」と記している。

しからば道元は、死を目前にして、もはや成すべきことをすべて成し終わったのであろうか。

建長五年の正月六日、道元は病床にあって「八大人覚」を仕上げたが、この年は道元の最後の年である。この最後の年に、道元はいったい何を望み、何を心配し、そして何を苦しんでいたか。『永平室中聞書《えいへいしっちゅうききがき》』という文書は、そのような道元の末期の世界をわれわれにかいまみせてくれる貴重な記録だ。この『聞書』は、弟子の徹通義介《てっつうぎかい》が病いに倒れた道元のそばに侍し、その最後の教誡や注意を記し、また病勢の進行の状況を観察したままに書きとめたものである。そして意外なことに、この『聞書』のなかから浮かびあがってくる道元の最後の姿は、けっして静穏なものでもなければ、自足したものでもない。「八大人覚」の後尾に記されている、鏡のごとく澄みきった心境にあるようにはとてもみえないのである。それは、道元の人生の悲運を暗示するのか、それとも道元の苦悩の偉大さを象徴するのか。

義介画像（金沢 大乗寺蔵）

義介への不安

この『聞書』は、建長五年四月二七日からはじまる。この日の記録では、さきに逝った弟子の懐鑒について道元が追憶し、義介と話しあったいきさつが記されている。懐鑑はさきにのべたように、能忍系の禅を伝える覚晏の弟子であったが、仁治二年に義介以下数人の弟子を連れて、深草時代の道元の門に投じた古参の弟子であった。義介からみれば師でもあり、また兄弟子にもあたる。道元は懐鑑の資質のすぐれていることを認めて、かれに仏祖正伝の菩薩戒を授け、さらにそれを他の弟子に伝授することを許した。だが懐鑑は遠慮して、その伝授の作法を死にいたるまで行使することがなかった。だがそのような懐鑑にも、ひとつの望みがあった。その望みがどういうものであったかを、義介が道元に知らせる。懐鑑は生前、道元が所持していた「嗣書」をみたいと思っていた。申しでてその希望をのべたが、許してもらえなかった。それは、自分のもっとも恨みとするところである、といっていたという。道元はそれをきいて、こう答えている。たしかにそういうことがあったが、時期が熟さなかったので、そのままにしておいた。いつしか忘れてしまったが、懐鑑はそれほどに心にかけていたのか、と。義介がこの想い出話をもちだしたのは、道元がたまたま「嗣書」のことを話題にしたからであった。

　ここで、道元がとくに「嗣書」のことに説きおよんでいることに注意しよう。如浄から授けられた「嗣書」は、いわば道元の宗教的生命がそこに凝縮している至高の証《あか》しである。かれは、信頼するなつかしい弟子であった懐鑑の追憶にふけっているけれども、その懐鑑にたいしてもこの嗣書の閲覧を許さなかった。かれがそれを許した弟子は、ただ一人懐弉のみである。師の病床にはべっていたこのときの義介は、嗣書をみせてもらえなかった懐鑑がそれを「恨み」に思ったように、自分にもそれが許されていないことを心から無念に思っていたであろう。もちろん道元は、この義介にたいしていまだ全幅の信頼をおいてはいない。

そのことがあってから二ケ月あまりして、道元の病気がにわかにあらたまった。七月八日のことであり、義介は驚いてかけつける。道元は、しずかにいった。

自分の寿命は尽きようとしている。あれこれ「医療」を加えたけれどもなおらない。だが、それも不思議なことではない。如来の仏法についてはわからないことがたくさんあるけれども、それにたいして疑いの念をおこしたことは、これまで一度もなかった。自分はそれで満足である。

この永平寺は仏法修行の最適の道場である。「国土」が安穏であれば、檀信徒も安穏であり、そうすれば永平寺も安穏であるだろう。お前はここに多年住し、一門の指導的地位に立つようになったが、これからもみんなと力を合わせて、わが仏法を守っていってほしい。用事で山を降りるようなことがあっても、すぐにまた山に帰ってくるようにしてもらいたい。

義介は師のことばにおもわず落涙し、その命にそむかないことを誓う。道元もさそわれるように落涙し、合掌してそれに応えた。ただひれふして耳をすまし、恐縮しきっている義介のうえに、道元の眼が注がれている。だがきびしい師は、未熟な弟子にたいしてふたたびことばをつがなければならない。

いままでみていて、お前が世間のことに明るいだけでなく、仏法についても求法の志の厚いことを自分は知っている。だがひとつだけ、お前には「老婆《ろうば》心《しん》」というものがない。だがそれも、歳をとるにつれて自然にでてくるであろう。

このとき首座の懐弉も同席していたが、義介は涙を押しぬぐってしりぞいた。

生くべきか死すべきか

この七月八日の訓誡のなかで、道元ははからずも二つの大きな心配事があることを告白している。一つは、永平寺の「安穏」は、国土と檀信徒の「安穏」がなければ保たれないであろうという心配である。道元にとって「国土」の頂点に座っている人間は、おそらく鎌倉の北条時頼であったであろう。そして「檀信徒」の先頭に立つ人間はいうまでもなく波多野義重である。鎌倉や京都の政治的な動向、そして波多野義重を中心とする「檀那」たちの動向が、永平寺の今後の運命を微妙に左右しかねないことを、道元はひそかに懸念している。そこに、いちまつの不安がのこる。だからかれは義介に向かって、力を合わせて寺を守れ、といっているのである。だが第二に、その義介が、根本のところで頼りにならない。かれに「老婆心」がないからだ。それは寺内において、義介に人望がなかったということを意味するであろう。そんな状態で、永平寺は、外界から押し寄せてくるであろうさまざまの脅威に立ち向かうことができるのか。

道元は、できることなら自分の病いをなおしたかったであろう。いま死んではこまる、と思っていたにちがいない。だからこそかれは「医療」の世話になっているのだ。現にかれは、「われ、ずいぶんに人に合力せられ、彼比、医療を加う」といっている。だが、病いをなおしたいと願うかれの期待を裏切って、病勢はますますすすんだ。

七月二三日、義介は一時、山を降りる。道元は、話があるから早く帰山するようにとだけいって、それを許した。

七月二八日になって、義介が山にもどった。挨拶にやってきた義介にたいして、師はつぎのようにいった。

このところ、もはや命がないと思っていたが、何とか生きながらえた。六波羅の波多野のほうから、上洛して療養につとめるようにとたびたびいってきているので、きたる八月五日に上洛しようと思う。寺の留守はよろしくお前に頼む。こんどばかりは駄目かとおもうが、もしも寿命がつながったら、今年は京都にいよう。あとで京都からいろいろ申しつけたいことがあるし、もしも病気がなおってふたたび寺にくるようなときには、「秘蔵の事」などをかならずお前に教えよう。

だが、お前が寺の責任者となって何か事をおこなうときは、かならず他人から妬みを受けるであろう。だから、いま自分がいったようなことは他人に知らせてはならない。お前が世俗や僧堂のことについてやる気のあることは承知しているが、しかしなんとも「老婆心」がたりない。よくよく注意しなければならない。

この場面では、懐義尼《かいぎに》（懐鑑の法妹）が同席して、義介とともに師のことばをきいている。さて、それにしても道元は、命終を覚悟しながらも療養のために山を降りようとしている。直接には義重の強いすすめがあったからであろうが、そのすすめに応ずる積極的な気持ちが道元の側になかったとはいえないであろう。そのうえ、もしも京都での治療が効を奏して「存命」することができたあかつきには、また永平寺にもどってこようといっている。そのときは、「秘蔵の事」を教えようといっている。

道元はこの場面で、ほとんど命終を覚悟しながら、しかし存命の可能性をも信じている。これは矛盾ではないか。しかしこの矛盾は、おそらくこのときの道元の苦悩の深刻さを反映している。道元は義介にたいして、存命したならば、わが秘蔵のことをお前に教えなければならない、といっている。このような道元の気持ちのゆれは、永平寺の後事を弟子たちに託すことに道元が大きな不安を抱いていた、ということのあらわれにほかならないだろう。もっとも信頼する首座の懐弉は道元より二歳の年長である。永平寺の将来の運命は、当然のこと若い世代にゆだねられなければならない。しかしそのとき指導的立場につかなければならないであろう義介は、まだ他人に「妬」まれかねない未熟さをもっている。「老婆心」がたりないからだ。

すでに死を予感し、死を覚悟していた道元は、自己の人生の最終場面で、後顧にうれいのない心境に入ることを許されていない。かれは波多野義重のすすめに応じて、京都にのぼらなければならないのである。時頼と義重の求めに応じて鎌倉に下向したのは、四年前であった。そしていまふたたび、義重の求めに応じて京都にのぼろうとしている。あれほど深山を恋い、あれほど幽谷を愛した道元が、こうして世間のなかに降りていかなければならない。病める肉体を運んでいかなければならない。

道元の迷い

しかし、ここにひとつ重要な問題がある。それは、最晩年における道元と弟子たちとの関係をめぐる問題である。道元と後継者の問題といってもよい。

『永平寺室中聞書』によれば、建長五年四月二七日の、懐鑒の回顧にはじまってから、七月二八日に道元が病気治療のために上洛を決意するまでに、約三ヶ月が経過している。そしてこの間の状況をたどっていくかぎり、道元は永平寺の後事を義介に託しているようにみえる。義介にいまだ全幅の信頼をおいてはいないけれども、ほとんど後継住職の権限をゆずっているように読めるのである。

ところがこれにたいして、首座の懐弉が義介のかたわらに陪席し、道元と義介との話し合いの証人に立っているような気配があるのはいったいどうしたことか。道元の信任がもっとも厚く、そしてそれゆえに弟子のなかの第一席たる首座の地位についていた懐弉は、ほとんど道元の正統の後継者として認められていたと考えられるからである。しかしにもかかわらず『聞書』の右の部分を素直によむかぎり、道元は後継住持を義介にゆずり、懐弉は長老としてその補佐の任にあたらせようとしていたことが推定される。

ところが不思議なことに、『三祖行業記』や『建撕記』によると、道元は七月一四日に、永平寺住職を懐弉にゆずったとあり、また『広福寺文書』によれば、かれは自分で縫いあげた袈裟をこのとき懐弉にあたえた、とある。この七月一四日の出来事は、道元の病いの再発（七月八日）とかれの上洛決意（同月二八日）のあいだにはさまれた時点であり、すでにのべたように『聞書』にはまったく言及されていない。

『聞書』は義介の筆録といわれ、いわば個人的な記録文書である。これにたいして『三祖行業記』と『建撕記』は、道元および懐弉・義介の生涯の事蹟に関する「正史」として道元伝の資料のうちもっとも価値の高いものとされてきた。そして今日、永平寺の第二代の住職は懐弉とされて、誰もこれに疑いをさしはさむものはいない。

いまここでは、この問題をこれ以上掘りさげることはできないが、しかし「七月一四日」の出来事について右の二種類の資料が対立しているのは、つぎのような疑問をわれわれにつきつけていることにならないか。すなわち死を目前にしている道元は、自分の死後、懐弉と義介にたいしていったい何を望み、どのような役割を期待していたのか、という疑問である。そしてこの疑問をあきらかにするのはかならずしも容易ではない。道元の死後、結果として懐奘が第二代をついだことはかりに事実だとしても、しかし死の直前における道元の本意がどこにあったかは、かならずしもいわれているほどに明白ではないとわたくしは思う。『聞書』の、いま問題にしている部分をよむかぎり、首座としての懐奘は「後見人」の地位におかれていたとみるほかはないからである。

しかしわたくしは、この問題をつぎのように解釈したい。道元は後継者を懐奘にするか、義介にするかについて迷っていた、と。そこに、道元の深い憂慮の根源があった。かれは義介に後事を託そうとして満足できず、懐奘に全権をゆだねようとして、それを決意することができない。道元は、ただひとり「嗣法」を許した懐奘に、どうして後継住職を指命しなかったのだろうか。あれほど信任した懐奘であるのに、道元はなぜそうしなかったのか。長老として、すでに年をとりすぎていたということがあったのであろうか。それとも、人格者かならずしも教団の統率者としてふさわしいとはかぎらない、ということがあったのかもしれない。懐奘と義介という二つの人格が同一の人間のなかに同居していてくれたら、という願望が道元の脳裡によみがえることはなかったであろうか。

道元はこのとき、どうしても病気をなおしておきたかった。肉体の死を、すこしだけでも先にのばしておきたかったにちがいない。懐奘と義介の問題がかれの胸の内でまだ決着がついていなかったからであり、永平寺の未来構想がまだ鮮明な像をむすんでいなかったからである。

山を降りる

こうして道元は、病いをなおそうとして山を降っていく。ふたたびみることのない山を、京都で死ぬために降っていく。それは自然にさそわれた道行きというよりも、重苦しい義務感にしばられたつらい旅であったとわたくしは思う。

ふたたび『聞書』にもどろう。

七月二八日、道元は上洛を決意。それから一週間ほどして義介らとともに下山した。建長五年八月五日のことである。永平寺から北陸道を七、八里ほどいったところに脇本宿があり、一行はそこに一泊した。

翌六日、師は弟子の義介に向かって、永平寺に帰ることを指示する。

師はいった。

寺が大事だと思うから、お前をそこにのこすのだ。永平寺の経営のことはくれぐれもよろしくたのむ。お前はこの地方の出身で、しかも懐鑑師の弟子でもある。国中の者がみなお前のことを知っているから、そこに帰ってもらうのである。

いわれて義介は、これが師との最後の「拝顔」であると思う。師による最後の「厳命」であることを直観する。「肝に銘じて、忘れず」と、かれは『聞書』に記しているのである。

『建撕記』によれば、このあと道元の一行は木《き》の芽《め》峠《とうげ》をこえて若狭へ入り、そこから丹波路を経由して京都に向かったらしい。とすれば八月中旬には到着していたであろう。

京都で落ち着いたさきは、高辻西洞院《たかつじにしのとういん》にいた俗弟子の覚念《かくねん》というものの邸であった。大久保道舟氏によれば、覚念は、道元がはじめて越前に大仏寺をひらいたとき波多野義重に協力して伽藍の建設につとめた人物であったという。

炎熱下での旅が道元のからだにこたえたのであろうか。病勢はしだいに悪化した。覚念邸ではすぐれた医師の診察・治療を受け、手厚く看護されたが、もはや回復のきざしはみられなかった。死が、ひたひたとしずかに近づいてくる。道元は、未解決の問題を背後の暗い闇のなかに投げうって、最後の段階に身をすべりこませていく。

ある日かれは、室内をゆっくりめぐりながら、低い声で、『法華経』「如来神力品」の一節をとなえた。その一節は、園や林、僧林や殿堂、そして山谷や広野に、塔を建てて供養すべきことが説かれ、さらにつぎのような経文へと続いていく部分であった。

そのゆえ、いかんとなれば、まさに知るべし。このところは（塔を建てたところ）、すなわちこれを道場にして、諸仏はここにおいて阿耨多羅三藐三菩提《あのくたらさんみやくさんぼだい》（悟り）を得、法仏はここにおいて法輪を転じ、諸仏はここにおいて般涅槃（入滅）す。

塔を建てて供養するところは、いずこにおいても仏道修行の道場である。この道場において諸仏は悟りをえ、仏法を説き、そして最後にここで入滅する。道元はこの『法華経』の一節を口ずさみながら、しだいに薄明のなかにかすんでいく意識のなかで、このような道場で悟りをえ、仏法を説き、そして般涅槃しようとしている自分を感じている。

かれは右の一文をとなえたあと、その一字一句を室内の柱に書きつけ、続けて「妙法蓮華経庵」と記したという。

道元は、この妙法蓮華経庵において般涅槃す。

かれは、そういいたかったにちがいない。

道元は涅槃を覚悟し、もはや永平寺に帰ることはできない。手塩にかけて創りあげた永平寺ははるか遠く万里の彼方にあって、道元の足下にはない。だが、あの山ふところ深く沈む根本道場は、まだ未完成のままである。正伝の仏法は、はたしてそこから萌えいで、花をつけ、実を結ぶことができるか。懐弉はいかにして生きていくか、義介はいずこにいこうとしているのか。

「黄泉に陥つ」

道元はもはやそれらの一切のことがらを断念するほかはないであろう。それとも断念のなかに、無念と激情をしのばせていたであろうか。それはわからない。それを推測する手だてはない。

ただ、われわれが道元の声に最後に接することができるのは、かれの「遺偈《ゆいげ》（辞世の詩）」においてである。だが、それははたして道元の真の肉声であったのかどうか。

八月二八日の夜半、道元はつぎのような偈を書きのこして、息を引きとる。

五十四年、照《ス》ニ第一天《ヲ》一
打《シ》ニ箇《ノ》跨跳《ぼっちようヲ》一触破《しよくはス》ニ大千《ヲ》一
咦《い》
渾身《こんしん》無レ覓《もとムル》、活《キナガラ》陥《ツ》ニ黄泉《こうせんニ》一

道元肖像（永平寺蔵）

五四年のわが人生は、宇宙を照らすためのものであった。

単独者として世間を超越し、全世界の世俗の構造を打ちくだいた。

おお
一切の欲望を全身から放出し、生きながら冥土に堕ちよう。

ここには、禅僧の「遺偈」というものがそなえている、形式的な修辞上のよそおいがある。自己の一生を要約する場合の、どうしてもさけることのできない抽象と誇張がみられる。しかしそれにもかかわらずこの遺偈の最後の一句のなかに、わたくしは道元の心の鼓動をきくような想いがする。その一句のなかに、道元その人の肉声が噴きだしていると思うのだ。

道元の意識はすでに死そのものを超越し、それをしずかに受けいれていたであろう。だが、死を覚悟したこの孤高の精神は、一瞬はげしく昂揚することがなかったか。かれの人生設計のためにはあまりにも早くやってきた死——、かれはそれに立ち向かい、これと格闘し、できることなら、この理不尽にせまってきた死をみずからの手で一挙にしめ殺してしまいたかったにちがいない。

道元はやはり、生きながら、黄泉におちていったのである。かれの両眼は、冥土において未来永劫に、かっと見開かれているであろう。

あとがき

—のこされた課題—

書き終わってみて、ふれることのできなかった問題のあまりに多いのに驚いている。とりわけ道元の坐禅論や、『正法眼蔵』の思想について考察する章をおきたかったのだが、自分の非力からそれを果たすことができなかった。

道元によって伝えられ、ひろめられた坐禅は、日本人の坐法の慣習に大きな影響をあたえたのではないかという予想をわたくしはもっていたのであるが、それは今後の検討にゆだねるほかはない。

『正法眼蔵』は知られているようにきわめて難解な書物であり、その読み方にもいろいろな立場や味わい方があるであろう。本書を書くにあたってわたくしがとった方針は、『正法眼蔵』のそれぞれの巻が執筆された時点において、道元がいったいどのようなことを考え、また感じていたかということをできるだけあきらかにしてみようということであった。『正法眼蔵』の文章そのものから道元の思想をひきだそうとしたのではなく、『正法眼蔵』の文章の背後に道元の人生観がどのように告白されているのかということを考えてみたかったのである。だがそれがどこまで成功しているかは、まことに心もとない。

またわたくしは道元の生涯を追っていくうえで、出家の動機、中国留学時代の精神状態、そして鎌倉下向の意味、という三つの問題にとくに留意した。なぜならこれらの問題を考えることは、道元における少年、青年、中年という三つの危機の時代の意味をつきつめてみることであったからだ。かれは青年期の危機に中国で如浄に出会い、中年期の危機には鎌倉で北条時頼に出会った。中国の宗教家と関東の武人との出会いという二つの出来事の意味を同じ比重で考えることが、道元の歴史的人格にせまる有効な方法であるとわたくしには思われたのである。

だが、実をいえばわたくしは、道元を知りたいと思う人々のために、ほんのささやかな入口をここに作ってみただけなのである。そしてもちろん、それは何よりもわたくし自身のための入口でもあった。眼前にそびえている道元の巨峰はまだまだ高いのである。その山頂は雲のかなたにかすんでいて、とても見透すことなどできない。

道元の門にほんとうに入るには、やはり『正法眼蔵』そのものの宝蔵に入らなければならないだろう。『正法眼蔵』が一つの謎にみちた難路を構成している以上、そのなかに入っていくのにもいろいろな道筋がある。「参考文献」にかかげた書物が、それぞれの立場で読者の要望にこたえてくれると思う。

だがふり返って考えてみれば、『正法眼蔵』の宝蔵に深く分け入るためには、坐禅を実際にやってみなければならないということがあるかもしれない。そういう、坐禅の門に入ろうとされる方は、本書をあっさり放りなげて、空無の世界に歩みだしていただいて一向にさしつかえないのである。

道元年譜

西暦	年号	天皇	年齢	年譜	仏教関係	社会関係
一二〇〇	正治二	土御門	一	道元、京都に生まれる	幕府、念仏宗を禁止	
一二〇二	建仁二		三		栄西、建仁寺を創建	
一二〇七	承元元		八	母を失う	法然、親鸞流される	
一二一二	建暦二		一三	比叡山に登り、横川千光房に入る	法然死ぬ	このころ、鴨長明「方丈記」を書く
一二一三	建保元	順徳	一四	天台座主・公円について受戒		北条義時、執権となる
一二一四	二		一五	下山し、園城寺の公胤を訪ね、さらに建仁寺で栄西と邂逅する		
一二一五	三		一六		栄西死ぬ	北条時政死ぬ
一二一七	五		一八	建仁寺の明全につく		
一二一九	承久元		二〇			実朝、公暁に殺される
一二二〇	二		二一			このころ、慈円「愚管抄」を書く
一二二一	三		二二			承久の変おこる

一二二二	貞応元	仲恭	二三		日蓮生まれる	
一二二三	二	後堀河	二四	明全とともに入宋する		
一二二四	元仁元		二五	諸山巡歴の旅に出る	親鸞「教行信証」を書く	北条義時死ぬ 北条泰時、執権となる
一二二五	嘉禄元 （宝慶元）		二六	如浄に相見する 明全死ぬ		
一二二七	安貞元		二八	如浄より嗣書を相承する 帰国し、建仁寺に入り、「普勧坐禅儀」を書く	法然の大谷墳墓が破壊される	
一二三〇	寛喜二		三一	京都から山城の深草に移る		
一二三一	三		三二	「弁道話」を書く		
一二三三	天福元	四条	三四	深草、観音導利院に移る 「現成公案」を書く		
一二三四	文暦元		三五	懐弉、入門する	重源上人像なる	
一二三五	嘉禎元		三六		円爾弁円入宋する	
一二三六	二		三七	宇治に興聖寺を開く		
一二三七	三		三八	「典座教訓」を書く		
一二三九	延応元		四〇			後鳥羽院、隠岐で死ぬ

一二四一	仁治二		四二	懐鑒・義介・義尹・義演等、集団入門する	円爾弁円帰国する	
一二四二	三	後嵯峨	四三			北条泰時死に、経時執権となる
一二四三	寛元元		四四	越前志比庄に移る	円爾弁円、東福寺の住職となる	
一二四四	二		四五	大仏寺を開く		
一二四六	四		四七	大仏寺を永平寺と改称する	宋僧、蘭渓道隆が来日する	北条時頼、名越一族を撃つ
一二四七	宝治元	後深草	四八	鎌倉に下向し、北条時頼に会う		北条時頼、三浦一族を滅ぼす
一二四八	二		四九	永平寺に帰る		
一二五二	建長四		五三	この秋、病にかかる		
一二五三	五		五四	療養のため上洛、八月二八日、覚念邸にて死ぬ	日蓮、鎌倉で伝道する	

参考文献

●テキスト

『道元禅師全集』上・下　大久保道舟編 —— 筑摩書房　昭45

『道元禅師真筆集成』　大久保道舟編 —— 筑摩書房　昭45

『道元』上・下（日本思想大系）　寺田透・水野弥穂子校注 —— 岩波書店　昭45〜47

『正法眼蔵随聞記』（岩波文庫）懐弉編　和辻哲郎校訂 —— 岩波書店　昭4

『典座教訓』（大蔵選書）　篠原寿雄編著 —— 大蔵出版　昭44

『諸本対校永平開山道元禅師行状建撕記』　河村孝道編著 —— 大修館書店　昭50

●翻　訳

『道元集』（日本の思想）　玉城康四郎訳 —— 筑摩書房　昭44

『道元』（日本の名著）　玉城康四郎訳 —— 中央公論社　昭49

『現代語訳正法眼蔵』全八巻　増谷文雄訳 —— 角川書店　昭48〜50

●伝　記

『修訂増補道元禅師伝の研究』　大久保道舟著 —— 筑摩書房　昭41

『道元』（人物叢書）　竹内道雄著 —— 吉川弘文館　昭37

『人間道元』　佐橋法竜著 —— 春秋社　昭45

『道元』（日本人の行動と思想）　今枝愛真著 —— 評論社　昭45

●研　究

「沙門道元」（『日本精神史研究』所収）　和辻哲郎著　──　岩波書店　大15
『道元の言語宇宙』　寺田透著　──　岩波書店　昭52
『無常』　唐木順三著　──　筑摩書房　昭39
『古仏のまねび』（仏教の思想）　梅原猛・高崎直道著　──　角川書店　昭44
『道元禅師とその門流』　鏡島元隆著　──　誠信書房　昭36
『道元禅の思想的研究』　榑林皓堂編　──　春秋社　昭48
『道元入門』（講談社現代新書）　秋月龍珉著　──　講談社　昭45
「寛元元年を境とする道元の思想について」
（『日本仏教思想史の諸問題』所収）　古田紹欽著　──　春秋社　昭39
「永平広録考」（「九州大学哲学年報」第十九輯）　秋重義治著　──　昭31
『永平寺・総持寺』　桜井秀雄編　──　教育新潮社　昭39

さくいん

【人名】

【書名】

【事 項】

道《どう》　元《げん》■人と思想42　定価はカバーに表示

1978年９月30日　第１刷発行©
2014年９月10日　新装版第１刷発行©
2018年２月15日　新装版第２刷発行

・著　者　……………………………山折《やまおり》　哲雄《てつお》
・発行者　……………………………野村久一郎
・印刷所　……………………法規書籍印刷株式会社
・発行所　……………………株式会社　清水書院

〒102-0072　東京都千代田区飯田橋3-11-6
Tel・03(5213)7151～7
振替口座・00130-3-5283
http://www.shimizushoin.co.jp

検印省略
落丁本・乱丁本はおとりかえします。

CenturyBooks

Printed in Japan
ISBN978-4-389-42042-0

CenturyBooks

清水書院の〝センチュリーブックス〟発刊のことば

近年の科学技術の発達は、まことに目覚ましいものがあります。月世界への旅行も、近い将来のこととして、夢ではなくなりました。しかし、一方、人間性は疎外され、文化も、商品化されようとしていることも、否定できません。

いま、人間性の回復をはかり、先人の遺した偉大な文化を継承して、高貴な精神の城を守り、明日への創造に資することは、今世紀に生きる私たちの、重大な責務であると信じます。

私たちがここに、「センチュリーブックス」を刊行いたしますのは、人間形成期にある学生・生徒の諸君、職場にある若い世代に精神の糧を提供し、この責任の一端を果たしたいためであります。

ここに読者諸氏の豊かな人間性を讃えつつご愛読を願います。

一九六六年

SHIMIZU SHOIN